수업에 답이 있다

수업에 답이 있다

초판 1쇄 2024년 10월 21일
초판 2쇄 2024년 11월 11일
초판 3쇄 2025년 5월 30일

지은이　　| 안영자
발행인　　| 한향희
발행처　　| 도서출판 빨강머리앤
출판등록　| 제25100-2005-28호
주소　　　| 대구광역시 달서구 문화회관길 165, 대구출판산업지원센터 411호
전화　　　| (053) 257-6754
팩스　　　| (053) 257-6754
이메일　　| sjsj6754@naver.com
디자인　　| 한향희

© 2025, 안영자

＊이 책은 저작권법에 따라 보호받는 저작물이므로 무단복제를 금합니다.
＊이 책 내용의 전부 또는 일부를 이용하려면 반드시 저작권자와 빨강머리 앤의
　서면 동의를 받아야 합니다.

수업에 답이 있다

안영자 지음

들어가는 말

초등 교육을 사랑합니다

1986년 초등학교에서 교직 생활을 시작하여 벌써 39년으로 접어들었습니다. 저는 교사 시절 아이들을 가르치며 수업 전문성에 대해 치열한 고민을 하였고, 대구광역시교육청 교육전문직을 거쳐 현재는 IB PYP 월드 스쿨 대구남동초등학교 교장으로 근무하고 있습니다.

2007년부터 현재까지 교육부와 한국직업능력연구원이 발표한 학생 희망 직업 조사 결과에서 교사는 늘 최상위권을 유지하여 왔으며, 저도 개인적으로 교사라는 직업에 높은 자긍심을 지니고 살아왔습니다. 그러나 2023년 우리의 자존감이 무너졌습니다. 학부모의 극성 민원으로 삶을 포기한 교사, 누적된 스트레스로 인한 집단적 사기 저하, 명예퇴직 증가 등 그간 참아온 교사들의 분노가 집단 행동으로 이어지면서 학교 교육이 흔들리는 것을 지켜보았습니다. 초등 교육을 사랑하며 살아온 한 사람으로서 무너진 교사의 자존감을 어떻게 회복해야 할까 많은 걱정의 시간을 보냈습니다.

돌이켜보면 50년이 넘도록 이어져 온 낮은 교직 만족도, 지나친 행정업무 부담, 관리 위주 교육행정 등 불합리한 교육 시스템은 여전히 나아지지 않고 있습니다.

학교의 돌봄 부담, 일부 극성 학부모의 민원 등 외부 간섭은 갈수록 심해져 교사들의 교직관을 흔들고 있습니다. 60대 교사부터 10대 아이들에 이르기까지 다양한 교육 주체들이 학교 안에서 일으키는 세대 간 갈등, 교사들의 교실 고립주의, 수업과 학급경영 전문성에 대한 교사 간 역량 차이, 관리자의 리더십 등 우리 내부의 문제도 적지 않습니다.

이런 문제들은 오랜 시간 동안 고착화되어 단시간에 해결하기도 어렵습니다. 그렇다고 초등학교 교사들의 사기가 바닥을 치고 있는 지금 그냥 가만히 있을 수도 없는 일입니다. 그래서 저는 초등학교 교사들의 자존감 회복의 새로운 시작은 우리 내부에서 변화를 찾는 것이 지혜로운 방법이라 생각하였습니다. 학교 교육을 흔드는 불합리한 교육 제도 개선이 시급한 것은 분명한 사실이지만 성난 목소리만으로는 우리들의 힘든 현실을 알리는 데 한계가 있습니다. 오히려 치열한 현장에서의 실천적 교사 전문성을 바탕으로 학생, 학부모의 지지를 얻어내는 것이 우리들의 자존감을 세우고, 나아가 교사들을 얽어매는 불합리한 교육 제도를 걷어내는 힘 있는 목소리가 될 것이라 생각하였습니다.

'수업 전문성'이 교사의 정체성입니다

그렇다면 실천적 교사 전문성은 무엇일까요? 그것은 바로 수업 전문성입니다. 이것을 기르기 위해서는 많은 시간과 노력이 필요합니다. 누구든 힘들이지 않고 원하는 것을 얻을 수는 없습니다. 저도 지나친 행정업무와 권위적인 학교문화에 질식하여 교사를 그만두고 싶은 순간들이 많았습니다. 그런 저에게 교사로서의 자긍심을 되찾아 준 것은 복직 후 선배 교사의 도움으로 수업 연구에 빠져든 순간부터입니다. 손꼽아 보면 수업 공개 횟수가 100회는 되는 듯합니다. 성공과 실패를 거듭한 수업 성장 경험은 저의 교직 인생에서 가장 의미 있는 일이었습니다. 수업의 성공감을 경험한 교사는 실패해도 결코 수업 연구를 멈추지 않습니다. 수업 성공감은 교사만이 누리는 특별한 행복임을 알기 때문입니다.

　일부 극성 학부모들이 과거에는 치맛바람으로, 지금은 악성 민원으로 학교를 힘들게 하고 있지만 옛날이나 지금이나 학부모 민원으로부터 힘들지 않은 교사는 없습니다. 그러나 좋은 수업과 소통으로 학급 질서 유지를 잘하는 교사의 경우 학부모 민원을 원만하게 해결하는 모습을 볼 수 있었습니다.

　교사를 힘들게 하는 학생·학부모의 갈등 관리 능력도 결국 교사의 수업 전문성에서 오기 때문에 우리는 교사 정체성을 수업에서 찾을 수밖에 없습니다. 그리고 또 다른 이유는, 아이들이 학교에서 보내는 가장 많은 시간이 수업 시간이고, 수업을 하지 않는 교사는 없으며, 교사의 직업적 책임도 수업이기 때문입니다. 좋은 수업은 교사와 아이들의 긍정적 관계를 돕고, 수업 시간에 나눈 재미있는 이야기는 아이들의 입으로 전달되어 학부모의 신뢰도 얻을 수 있습니다. 이것만으로도 지금 우리가 겪는 고통이 어느 정도는 해소되지 않을까요?

    결론적으로 수업 전문성은 곧 교사의 정체성입니다. 수업 전문성은 바닥난 교사 자존감을 회복하는 지름길이며, 마음만 먹으면 누구나 실천 가능한 방법이란 점에서 더 매력이 있습니다.

이렇게 책을 구성하였습니다

    20년 전, 백 마디 말보다 수업 실천 경험에 대한 책을 쓰라고 당부하시던 대구교육대학교 이종일 교수님의 당부를 늘 마음속에 간직하며 살아왔습니다. 용기가 없어 미루어 오다가 마침내 용기를 내어 그동안 저의 수업과 교사들의 수업 성장을 도운 사례를 공유하기로 마음먹었습니다.

    우리나라 초등학교 교사들은 여러 교과를 지도하고 준비해야 하는 부담, 많은 행정업무, 생활지도의 어려움 등으로 수업 연구 열정을 놓아버리기 쉽습니다. 저는 교사들이 열정을 잃지 않고 수업 전문성을 길러가길 바라면서, 수업 성장을 위해 도전하는 교사들에게 지침이 될 수 있는 사례들을 이 책에 담았습니다.

    1장은 오늘날 학교 교육이 흔들리는 이유를 시대적 변화 측면에서 살펴보고 교사들의 자긍심을 회복하는 힘의 근원은 실천적 수업 전문성에서 찾아야 한다는 이야기를 담았습니다. 2장은 성공과 실패를 거듭한 저의 수업 사례 중 가장 기억나는 인생 수업 사례를 소개하였습니다. 3장은 우리나라 교육과정의 변화 및 수업·평가 설계의 나침반 역할을 하는 교육과정 문해력의 중요성과 그것을 수업에 적용하는 방법을 소개하였습니다. 4장은 교감·교장으로 교육과정 문해력 기반 수업 장학을 했던, 손광수 선생님의 수업 성장 과정을 소개하였습니다. 5장에서는 학교 교육과정과 교사 교육과정이 유기적으로 연결되도록 학교 교육과정을 시스템화한, 남대구초등학교 사계절 교육과정과 이대현 선생님의 6학년 가을 교육과정 콘서트 사례를 소개하였습니다. 마지막 6장은 우리나라 엘리트 집단인 초등학교 교사들의 수업 성장을 어떻게 지원할 것인가에 대한 관리자들의 고민과 교사들이 스스로 연구하고 실천해야 할 내용을 소개하였습니다.

이런 분들에게 도움이 되길 바랍니다

우리는 늘 교사의 자질은 교육의 질이란 공식을 앞세워 왔지만 지금의 학교 현실은 이 공식의 실현에 한계가 있었습니다. 그러나 우리가 교직에 머무는 동안은 국가로부터 변화하는 사회에 대응하는 미래교육 방법들을 끝임없이 요구받게 될 것입니다. 결국 교사들은 수업 전문성을 갖추기 위한 평생 학습자로 살 수밖에 없습니다. 그래서 어차피 할 바엔 자발적으로 노력하는 것이 더 지혜로운 선택이 아닐까 생각합니다.

저는 이 책이 수업의 설계-실행-성찰의 균형 있는 수업 성장을 꿈꾸는 선생님, 교육과정 문해력을 기반으로 단원 수준 재구성과 프로젝트 학습 방법을 스스로 공부하고 싶은 선생님, 교육과정 리더십을 발휘하여 수업 장학을 실천하고 싶은 교감·교장선생님들께 도움이 되리라 생각합니다.

또한 교사로서의 정체성을 잃고 방황하는 교사, 자기화된 수업 기술이 부족한 교사, 온라인 콘텐츠나 교과서를 중심으로 편안한 수업을 하는 교사 등 그동안 수업 전문성에 대해 깊은 고민을 하지 않은 교사들에게도 이 책은 충분히 생각거리를 제공하리라 믿습니다.

교사들은 수업을 통해 아이들을 미래로 실어 나르는 일을 합니다. 이것은 우리나라 교육의 역사를 잇는 고귀한 일입니다. 어려움 속에서도 교육의 역사를 이어가는 초등학교 교사들을 응원합니다.

2024년 10월

대구남동초등학교에서 안영자

차 례

들어가는 글

제1장 　흔들리는 학교

고장난 자동차를 타고 달리는 교사들　14
교사들의 낮은 교직 만족도　23
바쁜 교사, 나쁜 교사　31
교사의 정체성은 수업이다　42
교사의 수업 전문성 개발　51

제2장 　나의 인생 수업

첫 수업 공개의 실패에서 벗어나기　60
개미은행 프로젝트　71
수업모형 중심 수업에 대한 성찰　78
주제 중심 탐구수업　91
나의 마지막 수업 공개　105

제3장 　수업을 위한 교육과정

국가 교육과정의 변화　116
교육과정 문해력을 만나다　130
연수는 그냥 연수였다　143
교육과정 문해력, 수업에 적용하기　147
같은 교육과정, 다른 수업　158

제4장 이어지는 수업 열정

첫 만남 : 교육과정을 준비해 주세요 172
성장의 시작 : "창의적 체험활동으로 하면 되지!" 175
교사의 길 : 시간의 밀도 181
교과 내 재구성 : 한 학기에 하나씩만 185
교과 간 연계 : 머리가 빠지는 프로젝트 학습 197

제5장 모두의 성장을 돕는 학교 교육과정

학교장의 교육과정 리더십 212
사계절 교육과정 시스템 만들기 217
사계절 교육과정 시간표 짜기 222
행복한 사계절교육과정콘서트 227

제6장 교사의 성장 지원하기

좋은 관계를 위한 학급경영 246
도전, 100가지 수업 기술 익히기 252
교사 동료성, 전문학습공동체 264
다시 생각하는 수업 장학 270

글을 마무리하며
참고 문헌

제1장

흔들리는 학교

고장난 자동차를 타고 달리는 교사들

　내가 싫어하는 통계 자료는 OECD에서 발표하는 우리나라의 각종 부정적인 지표들이다. 언론 보도나 강연을 들을 때면 강사들이 교육 정책 설명을 위해 OECD 지표를 인용하곤 한다. 대부분 성적이 나쁜 자료이거나 혹은 부정적으로 1등인 지표들이다. 한마디로 경제 선진국 한 과목만 '매우 우수'이고 나머지는 '매우 미흡'이란 성적표인 셈이다. 이런 이야기를 듣다 보면 나도 모르게 피로감이 쌓인다. 지금까지 열심히 살아온 결과가 이것이구나 싶어서 힘이 빠지기 때문이다.

　인터넷을 검색해도 OECD에서 발표한 통계 자료가 정말 다양하다. 언제 이런 것까지 조사했나 싶을 정도이다. 지금까지 내가 보고 들은 것만 나열하여도 앞으로 우리나라가 개선해 나가야 할 과제들은 산더미이다. 정책 입안자도 아니면서 갑자기 피로감이 확 몰려오는 것을 또 느낀다.

자살률, 이혼 증가율, 노인 빈곤, 행복 지수, 부패 인식 지수, 대학 등록금, 성형 수술, 근무 시간 많은 나라, 여가 순위 낮은 나라, 소득 불평등, 어린이 교통사고, 노령화 지수, 저출산, 성별 임금 격차, 교사 1인당 학생 수, 교사 자기 효능감, 학생들 평균 공부 시간 등.

이런 부정적 지표들은 사회의 축소판이라 불리는 학교 교육에도 고스란히 영향을 미치고 있다. 그 결과 우리나라 국가 발전의 원동력이 되어 온 학교는 아픈 신음 소리를 내며 더 이상 앞으로 달려 나가지 못하고 있다. 학생, 학부모, 교사 모두 행복감을 느끼지 못한 채 자기 나름대로 살아내려고 애쓰는 중이다. 그러다 보니 별거 아닌 일에도 민감하게 반응하고, 법적 다툼도 불사하는 등 갈등이 빈번하다.

이와 같은 학교 현장을 지키기 위해 안간힘을 쓰고 있는 교사들은 위기 해결을 위해 가장 필요한 것으로 갈등 관리와 소통을 꼽고 있다. 전국 교원 연수 기관마다 갈등 관리, 학부모와의 소통, 민원 응대, 교권 침해 예방 과정을 필수적으로 편성하는 것도 이런 시대적 상황을 반영한 결과이다.

김현수는 독일의 철학자 에른스트 블로흐(Ernst bloch)가 1930년대 독일 사회의 특징을 설명하기 위해 사용한 '비동시성의 동시성'이란 용어를 인용하여 학생, 학부모, 교사 모두가 힘든 우리나라 교육의 총체적 위기를 다음과 같이 설명하고 있다.[1]

---

1) 김현수(2013), 『교사 상처』, 에듀니티, p.35~42의 내용을 요약 정리함.

"우리나라에서는 '비동시성의 동시성'이 더 불가사의하게 나타난다. 그야말로 함께 공존하기 어려운 수많은 현상이 동시에 벌어지는 현상을 말한다. 지금 우리나라에는 전근대를 산 70·80대, 근대화를 이끈 50·60대, 탈근대 기수였던 30·40대, 현대를 살아가는 10·20대가 어울려 살아간다. 신세대 교사와 중견 교사, 정년을 앞둔 교사의 문화적 인식 차이는 학교문화를 불안정하게 만들고 소통이 어려운 교사 문화를 만들기도 한다.

우리나라 사람들의 피로는 서양이 300년에 걸쳐 형성해 온 민주화, 산업화를 우리나라는 불과 50년 안팎에 이룩하려고 하면서 쌓인 모두의 피로이기도 하다. 그만큼 모두가 힘들고 뒤돌아볼 틈조차 없을 만큼 정신없이 살아가고 있다. 300년을 50년으로 압축하면서 개인도 사회도 모두 탈진한 것이다. 이를 다르게 표현하면 50대 후반의 초등교사가 10대인 초등 5학년을 이해하는 노력은 서양식으로 계산하면 두 세기를 건너뛰어야 가능한 일이라는 것이다. 이런 현상은 개인의 게으름이나 교육 정책의 중대한 결함으로 굴레를 씌울 수도 없다.

오늘날 우리나라 교육의 총체적 상황은 무정부 상태와 비슷할 정도로 상하좌우 아귀가 맞지 않는다. 일본 사상가 우치다 타츠루의 말처럼 교육이라는 고장난 자동차에 올라타서 앞으로 나가면서 수리를 해야 하는 상황이거나 영화 〈설국열차〉에서처럼 문제를 안고서 끊임없이 달려야 하는 상황이라고 지금의 현실을 비유하였다."

나는 책을 읽으며 최근 깊어진 학교 갈등의 원인이 민주화, 산업화를 50년 만에 이룩하면서 쌓인 피로의 산물이란 사실에 공감할 수 있었다. 1960년대부터 지금까지 우리나라 현대사를 학생이면서 동시에 교사로 정신없이 살아온 나로서는 50년 만에 이룩한 삶의 피로가 생생하게 느껴지기 때문이다.

흔들리는 학교 교육력을 다시 회복하기 위해서는 소통이 필요하다. 그리고 그 소통의 출발은 피로 사회를 살아가는 학생, 학부모, 교사들의 아픔을 이해하는 노력이 우선되어야 한다. 이에 김현수가 『교사 상처』를 통해 제시한 교육공동체의 아픔과 나의 경험을 떠올려 보면서 학교가 흔들리는 원인을 다음과 같이 정리하여 보았다.

첫째, 외로움을 겪는 아이들의 상처가 학교 교육을 흔들고 있다.

나의 교사 시절은 스승과 제자 모두 아날로그 세대여서 아이들과 체험활동을 많이 하였다. 매달 한 번씩 비빔밥 만들어 먹기, 모둠별 긴줄넘기 대회, 학교 뒷산 오르기, 우리 집에 모여서 커다란 찜솥에 떡볶이를 만들어 먹기도 하였다. 그러나 지금은 이런 활동은 꿈꾸기 어렵다. 잠시도 돌발 행동을 하는 아이로부터 눈을 뗄 수가 없다.

얼마 전 학교에서 어떤 아이가 갑자기 일어나 학교 밖으로 뛰쳐나간 일이 있었다. 며칠간 병원 약을 먹지 않았다는 담임교사의 귀띔이다. 담임교사 전화를 받고 교무 부장이 급히 나갔지만 아이는 벌써 교문 밖으로 달아나고 없었다. 마을 편의점 앞에 우두커니 앉아있는 아이를 아이스크

림을 사주어 겨우 달래서 데리고 들어왔다. 우리는 '이만하길 다행이지' 하면서 가슴을 쓸어내렸다. 이런 돌발 상황을 일으키는 아이들이 지금은 교실마다 있다. 학교에서 교사의 기쁨과 고통은 모두 아이들에게서 오기 때문에 교사들의 힘든 상황을 짐작하고도 남는다.

그리고 요즘 아이들은 대부분 외둥이가 많다 보니 부모들의 과잉 양육, 쉴 틈 없는 학원 수강으로 더 외롭고 힘들다. 가정의 돌봄 기능도 약화되어 여러 정서 장애를 겪는 아이들도 해마다 늘어나고 있다. 2023년 5월 가정의 달 설문 조사에서 가족과 대화 시간이 하루 한 시간이 안 된다고 응답한 비율이 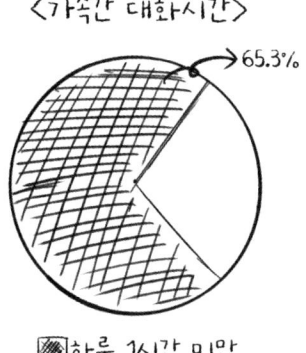 65.3%로 나타난 것을 보더라도 아이들이 정서 장애를 겪는 이유를 짐작할 수 있다.[2]

가족 간 대화 시간을 스마트폰게임으로 대신하면서 혼자 보내는 시간이 많아진 아이들은 주의 집중을 하거나 친구와 관계 맺기를 힘들어한다. 또한 사교육 시장의 선행학습으로 수업 시간이 아이들에게는 별로 중요하지 않게 생각되면서 교사들을 힘들게 하고 학교 교육 활동 전반에 나쁜

---

[2] 아웃소싱타임스(2023.5.9.), 보도자료에서 인용함.
　　가족과 대화 얼마나 하세요?…응답자 65%, "하루 한 시간 채 안돼"

영향을 미친다.

둘째, 일부 극성스런 학부모들이 학교 교육을 흔들고 있다.

지금 우리는 학부모가 더 이상 학교 교육의 협조자가 아닌 시대를 살고 있다. 2000년대까지만 해도 학부모는 학교 교육을 무조건 믿고 지지하였다. 아이들은 선생님 말씀에 순응하도록 가정 교육을 받았다. 등교하는 아침에 듣는 말이 "학교 가서 선생님 말씀 잘 듣고, 공부 열심히 하고 오너라."였다.

물론 지금도 이런 학부모 모습을 기대하고 하는 말은 아니다. 학부모들의 의사 표현의 자유를 넘어 극단적인 자기주장으로 나아가고 있는 것을 걱정하는 것이다. 요즘 초등학교 자녀를 둔 학부모는 대부분 30~40대로 트렌드에 민감하고 사교육과 경쟁 교육에서 살아온 세대이다. 교사들에게 사소한 부탁도 어려워하지 않으며, 조금만 서운해도 전화를 주저하지 않는다. 일부 극성 학부모는 교사 뒷담화뿐 아니라 교육권을 간섭하고, 자존감에 깊은 상처를 입히기도 한다. 교사를 존경하지 않는 일부 학부모들의 막말은 교사들에게 상처를 주며, 자녀가 부모의 기대에 못 미치는 스트레스를 교사에게 푸는 학부모도 있다. 또한 다양한 가족 형태에 따라 보호자의 양육 방식도

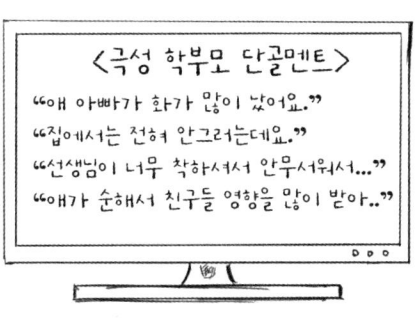

〈극성 학부모 단골멘트〉
"애 아빠가 화가 많이 났어요."
"집에서는 전혀 안그러는데요."
"선생님이 너무 착하셔서 안무서워서..."
"애가 순해서 친구들 영향을 많이 받아.."

다양하다. 뿐만 아니라 내 자녀가 세상에서 가장 소중하다고 생각하기 때문에 악성 민원과 법적 다툼까지 불사하는 극성 학부모들은 결과가 만족스럽지 않으면 승복하지 않고 정보 공개를 끝없이 청구하는 등 학교 교육 활동 전체를 뒤흔들기도 한다. 이런 극성 학부모들로부터 학교 교육은 서서히 힘을 잃어가고 있다.

셋째, 교직원 간의 갈등이 학교 교육을 흔들고 있다.

학교에는 나와 같은 60대 교장에서 MZ세대 신규 교사에 이르기까지 다양한 세대와 연령층의 교사들이 생활하고 있다. 교원, 교육행정직, 교육공무직 등 직종도 다양하여 학교 안의 업무 갈등도 부쩍 늘어나고 있다. 교육청의 공문 접수를 서로 떠넘기며 부서 간 갈등을 빚기도 한다. 예측 불가능한 다양한 사건들로 교사들은 출근길마다 '오늘도 무사히'를 기도한다. 60대 교장은 젊은 교사들을 이해하기 위해 MZ세대와 관련된 책을 읽고 소통 방법을 고민해야 하며, 50대 교사는 10대 초등학생과 세대 차를 극복하기 위한 소통 능력을 더 길러나가야 한다. 일과 가정을 양립하는 교사들의 증가로 동학년 협의회 시간 확보는 늘 고민거리이며, 교사들의 8시간 이상 초과근무는 더 이상 당연할 수 있는 시대가 아니다.

교직원들이 각자의 역할을 수행하고 학교 교육 활동을 제대로 작동하기 위해서는 학교장이 웬만큼 노력해서는 리더십을 발휘하기 힘든 시대이다. 문제 해결을 위한 대화와 타협에 시간과 노력이 훨씬 더 많이 필요해졌다. 모두 개인의 권리만 중요하게 생각하는 사고로 인해 교육공동체가 느슨해지고 학교 교육을 지탱하는 힘은 흔들리고 있다.

나는 오늘날 학교 사회의 피로를 '비동시성의 동시성' 시대의 관점에서 바라보고 교장으로서 무거운 짐을 조금 내려놓기로 하였다. 학교에 '양로원' 빼고는 다 들어왔다고 자조적인 말을 할 정도이니 교육의 위기를 학교장이 해결하는 데 한계가 있는 것도 사실이다. 아무튼 이 시대의 피로는 누구에게 굴레를 씌울 수 있는 것이 아니라는 말이 왜 이리 큰 위로가 되는지 모르겠다.

지금의 상황을 누구의 책임으로 돌리기는 어렵다해도 우리가 교직에 있는 동안은 가만히 손놓고 교육의 위기가 사라지길 바라볼 수만은 없다. 영화 〈설국열차〉에서처럼 교육이라는 고장난 자동차에 올라타서 앞으로 달려 나가면서 수리를 해야 하는 상황이다. 고장난 자동차는 수리를 맡기면 되지만 교육이라는 고장난 자동차는 수리를 맡길 기관조차 없다. 아이들을 태우고 운전하는 교사가 바로 전문 기술자이기 때문이다. 교육이라는 고장난 자동차를 고치는 기술이 수업과 학급경영이라는 전문 분야이다 보니 실천적 전문 지식 없이는 그 누구도 대신해 줄 사람이 없는 것이다.

교사는 실천적 교육 전문가이다. 이를 바탕으로 교육이라는 고장난 자동차를 잘 수리하여 아이들이 공동체 질서를 존중하고 수업에 적극 참여하며 건강하게 성장할 수 있도록 아이들의 회복을 도와야 한다. 그때 우리는 아이들로부터 다시 힘을 얻을 수 있고 흔들리는 학교도 조금씩 제자리를 찾을 수 있다. 교사는 우리나라 미래에 불을 지피고 희망을 나르는 사람이라는 자긍심을 잊지 말자. 우리가 하는 일은 우리나라의 미래를 심는 고귀한 일이다.

교사들의 낮은 교직 만족도

교사라는 직업은 지금까지 통계적으로는 청소년 인기 직업 순위 최상위권을 유지해 왔다. 출퇴근, 방학, 안정적인 급여, 취업의 어려움 등을 이유로 교대를 가라고 권하는 사람이 적지 않은 시대가 있었다. 심지어 다른 대학이나 직장을 갔다가 초등학교 교사가 되기 위해 교육대학교에 입학하는 사람들도 드물지 않게 있었다.

실제로 2018 TALIS에서 조사한 우리나라 중학교 교사들의 교직 선택 동기를 보면, '안정된 직업'과 '개인 생활을 할 수 있는 근무 여건(근무

---

3) 한국교육개발원교원(2019), '교원 및 교직 환경 국제 비교 연구': TALIS 2018 결과를 중심으로(Ⅰ), p.88에서 인용함.
 - 안정된 직업(한국 88.2%, OECD 70.6%).
 - 개인 생활을 할 수 있는 근무 여건(한국 84.3%, OECD 65.6%)

시간, 공휴일, 시간제 근무 등)'을 고려하여 교직을 선택하였다는 응답이 OECD 10개국 중 가장 높았다.[3] 초등학교 교사들도 이와 큰 차이는 없으리라 생각된다.

10여 년 전부터 대학을 졸업하고도 취업이 안 되는 사회적 문제로 안정적인 직업을 선호함에 따라 교사의 인기는 급상승하였고 성적이 매우 우수한 인재들이 교육대학교에 입학했다. 최근 저출생에 따른 학생 수 감소로 교사 채용마저 급격히 줄어들면서 교사 관문인 국가 임용고시는 대학 합격보다 더 치열한 경쟁을 통과해야 한다. 이렇다 보니 교사에 대한 사회적 인식도 높아졌지만 본인의 자부심도 매우 높은 직업이었다.

그토록 힘든 관문을 통과하여 입직한 교사들은 금쪽이 아이들 생활지도와 학부모 민원을 마주하면서 스트레스를 억누르며 참아야 했다. '서이초 교사 사건'을 계기로 전국적으로 교권 침해 사건들이 이슈화되고, 줄어든 연금과 내집 마련 등 미래의 삶에 대한 개인적인 불안감까지 더해지면서 교사들의 사기는 바닥을 쳤다.

그 결과 2024년 초등교사가 되기 위한 1차 관문인 교육대학교 커트라인은 전년도와 비교가 안 될 만큼 낮아지고 합격 후 등록 포기도 13%나 되는 학교가 있다는 언론 보도가 나왔다.[4] 교사가 되기 위해 치열하게 공

---

4) Daum 뉴스1.(2024.2.19.), 보도자료에서 인용함.
 - 교대 인기 '하락' 수능 4등급도 합격... 교대 정시 합격 13%가 미등록
5) Edupress(2023.11.27.), 보도자료에서 인용함.
 - "정년까지 교직에 근무하겠다" 51.3%... 초등 만족도 큰 폭 하락

부하던 불과 1년 전을 생각하면 안타까움을 다 말하기 어렵다. 또한 절반에 가까운 교사가 정년 전에 교직을 그만두겠다고 밝힌 설문 결과에서도 교사들의 사기 저하를 짐작할 수 있다.[5] 심지어 신규 교사 이직을 유혹하는 온라인 사이트까지 나타났다.

2023년 10월, 전국의 교사들은 서울 영등포구 국회 앞에서 '공교육 정상화 입법 촉구 집회'를 열고 성난 마음을 쏟아냈다. 그동안 참기만 했던 각종 교권 침해와 학부모와의 갈등이 표면으로 드러나면서 학교 교육은 크게 흔들렸으며 명예퇴직을 신청하는 교사도 꾸준히 늘어나고 있다. 교사들이 이처럼 교육권을 찾기 위해 단체 행동을 한 일은 처음이었다.

교육은 거창한 운동으로 이루어지는 것이 아니라 훌륭한 교사에 의해서 성공할 수 있다는 사실을 안다면 교사들의 사기를 떨어뜨리고 열정을 빼앗는 것은 국가적으로도 큰 손실이다. 초등 교육에 대한 애정을 지니고 39년을 살아온 사람으로서 교육의 희망이 무너지는 순간을 지켜보면서 터질 것이 드디어 터졌다는 생각과 동시에 든 안타까운 심정은 이루 말할 수 없었다.

[최근 교권 침해 사건 제목]

· 교사에게 톱 던지고 교탁 아래 도둑 촬영… 심각한 교권 침해

(연합뉴스, 2022.9.29.)

· 교사 10명 중 6명 '매일 문제 행동 겪는다…'

(뉴스가 있는 저녁, 2022.11.11.)

- "지옥 같았다"… 충남에서 발생한 교권 침해 사례들

(뉴스플러스, 2023.7.28.)
- 인천지역 각급 학교 교권 침해 사례 크게 늘어   (YTN, 2023.10.20.)
- 교감 따귀 때린 초등 3학년… "폭탄 돌리기 이제 그만"

(MBC뉴스, 2024.6.5.)
- 서울서 올해 교권 침해 153건… "교사 '아동학대' 신고 늘 듯"

(뉴시스, 2024.7.14.)

이제 이와 같은 언론 보도나 인근 학교에서 들려오는 크고 작은 교권 추락 소식은 더 이상 낯설지가 않게 되었다. 교사들은 모이기만 하면 힘든 마음을 털어놓고 스트레스를 씻어내기 바쁘다.

A교사 학원이나 방과 후에 일어난 싸움을 교사에게 책임을 물으며 해결하라고 할 때, 그리고 어리다는 이유와 아기를 안 낳아봤다는 이유로 학부모가 은근히 반말하고 무시할 때 자존심 상해요.

B교사 내가 알고 있는 교육적인 방법으로 지도를 했는데 학부모로부터 불신 가득한 피드백을 받았을 때 속상해요. 그리고 이런 것은 하지 말아 주세요, 우리 애 성격이 그러니 터치하지 마세요. 등 교육의 주도권을 학부모가 빼앗으려 할 때 정말 화나요.

C교사 정상적인 학습이 어려울 만큼 문제 행동을 하는 아이들을 만나면 내가 할 수 있는 일이 없어 무능함을 느껴요. 그리고 말이 통하지 않는 악성 민원 학부모가 너무 무서워요.

D교사 조카가 방과 후에 조금 다쳐서 집에 온 날 담임교사가 누나에게 전화하며 수십 번 죄송하다는 말을 반복했대요. 애가 잘못해서 다친 건데 너도 학교에서 이렇게 저자세로 학부모를 대하냐는 누나 전화를 받았어요. 이게 현실이에요.

김현수는 이와 같은 동료 교사들이 무심코 하는 말, 관리자들이 혼내는 말, 학부모들이 교사를 신뢰하지 않는 말, 아이들이 막무가내로 부리는 투정 등을 '스몰 트라우마'라고 표현하였다.[6] 실제로 상당 수 교사들은 누적된 스몰 트라우마로 정신과 치료를 받거나 질병 휴직을 하고 있으며, 이것은 부적응 아이와 학부모에 대한 집단 트라우마로 옮겨 가고 있다.

정부는 이와 같은 문제를 심각하게 바라보고 교권보호위원회를 교육청에 설치하도록 하는 지침과 예산을 마련하기에 이르렀다. 교원이 정당한 생활지도를 하여도 아동학대 위반으로 신고 되거나 조사·수사를 받는

---

6) 김현수(2013), 앞의 책, p.58에서 인용함.
"내가 얼마나 힘든지 동료 교사도 몰라주고, 학부모도 몰라주고, 사회도 몰라준다. 힘든 교사들의 스몰 트라우마는 마침내 집단 트라우마로 옮겨간다. 교사들의 스몰 트라우마는 아이들을 대상으로 발산할 위험이 크다. 교사들이 서로를 인정하고 이해하며, 트라우마를 치유해 주는 과정이 필요하다.

경우가 있었지만, 앞으로는 법령·학칙에 따른 교원 생활지도는 아동학대 범죄와 분리·조처하게 되었다. 그리고 교육 활동과 무관한 학부모의 민원이나 교사의 개인 휴대 전화로 제기하는 민원도 답변을 거부하거나 전화를 받아야 할 의무가 없도록 하였다. 늦었지만 다행스런 조치이다.

성난 교사들은 이에 만족하지 않고 학부모 수업 공개 거부, 업무경감 요구, 실질적인 교권 보장 등을 요구하며 목소리를 점점 높여가고 있다. 교사들이 교실에서 아이들을 가르치는 데 집중하지 않고 교실 밖에서 행동하도록 하는 것은 학생들의 학습권에도 나쁜 영향을 미칠 수밖에 없다.

그런데 더욱 놀라운 점은 우리나라 교사들의 낮은 교직 만족도가 50년 동안 크게 개선되지 않았다는 사실이다. 1973년의 직무 만족도에서 초등학교 35%, 중등학교 20%가 만족한다고 응답하였다. 초·중등 모두 보통이라고 응답한 교사는

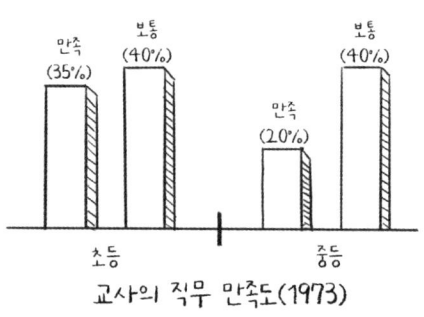
교사의 직무 만족도(1973)

40%로 가장 다수를 차지하였다. 만족한 이유는 보람과 안정성을, 불만족한 이유는 초·중등 교사 모두 장래성이 없다는 것과 열악한 보수 및 근무 조건을 들었다.

특히 1980년대는 초등학교 교사의 직무 만족도가 20%로 가장 낮았다. 이 시기는 내가 교직에 입직한 시기였다. 그 당시 권위적인 학교문화와 신규 교사에게 쏟아지는 업무, 일직과 숙직 등 힘들었던 일들이 생생하게

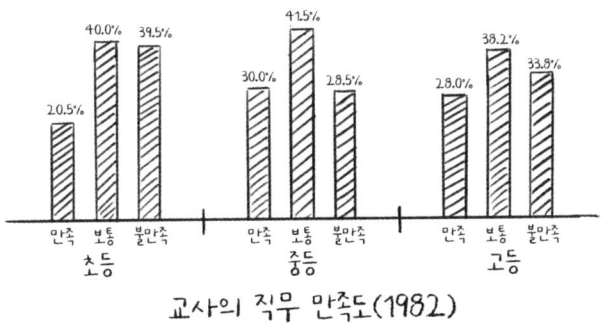

교사의 직무 만족도(1982)

떠오르는 것을 보면 이해가 되고도 남는다.

1990년대는 교직 만족도와는 조금 거리가 있지만 학교의 민주적 분위기는 28%, 사회적 예우는 10% 미만이 만족한다고 응답하였다.[7]

이 같은 결과를 통해 교사들의 교직 만족도가 50년 동안 한결 같이 낮은 원인을 근무 환경, 행정업무, 학교 조직 문화, 처우 개선, 교권 침해 등 다양한 관점에서 그 문제점을 살펴보고 교사들의 근무 여건을 시급히 개선해 나가야 함을 알 수 있다.

또한 각종 교육 정책의 최종 실행자가 교사임을 인정한다면 정부는 국가적 필요에 따른 새로운 교육 정책 수립 시 현장 교사들의 의견을 충분히 수렴하여 일방적으로 정책을 밀어붙이지 말아야 한다. 그리고 교사들이 안정적으로 본연의 업무인 수업에 전념할 수 있도록 일회성 정책보다

---

7) 한국교육개발원(1998.12월), 『한국 근대 학교 교육 100년사 연구(Ⅲ)』, 「해방 이후의 학교 교육」, p.200~203에서 인용함.

본질적인 교육 정책을 일관되게 추진해야 한다. 그렇지 않으면 교사들의 교직 만족도는 앞으로도 개선되지 않을 것이며, 동시에 교육의 질 개선도 기대하기 어렵기 때문이다.

바쁜 교사, 나쁜 교사

[교사의 책임과 책무성]

우리는 아이들을 가르치는 교사일까?
국가 정책을 추진하는 행정 공무원일까?

나도 가끔 이런 생각을 하면서 교사로서의 정체성이 혼란스러웠던 적이 많다. 늘 공문의 보고 기한을 메모하여 두고 제출 기한을 놓치지 않으려고 애쓰다 보니 수업이 중요한 것은 아는데 실제로는 업무를 우선하는 교직 문화에 익숙해져 그런 듯하다. 그리고 수업은 좀 못해도 금방 표가 안 나지만 업무를 미루면 동료 교사들이나 학교에 피해를 주기 때문에 미룰 수가 없다.

나는 교육청에서 학교 업무 경감 사업을 추진하는 부서에 근무한 적이 있다. 수업 중심 학교문화의 가장 큰 장애 요소가 행정업무이고, 업무로 인하여 교원, 행정실, 교육공무직 등 직종 간 겪는 업무 갈등 사례를 수없이 보고 들었다. 특히 새로운 업무가 나올 때마다 교육청에서도 업무 담당 부서를 명확히 하여 공문을 받는 학교에서 직종 간 갈등이 일어나지 않도록 하는 일이 점점 힘들어지고 있다.

어느 날 교육청에서 갈등 업무 민원 해결을 위하여 해당 업무에 대한 법령과 인터넷 자료를 검색하게 되었다. 그때 교사의 책임과 책무성에 대해 설명한 블로그의 글을 읽고[8] 학교 행정업무에 대한 생각을 다른 관점에서 생각해 볼 수 있었다.

책임은 Responsibility로 무의식적 반응이다. '책임을 다했는가?' 라는 질문을 받았을 때, 책임을 다했는지 안 했는지는 자기 스스로 판단하는 자동적이고 내적인 반응으로 양심이 중요한 판단의 기준이 된다. 책임지는 것은 교사로서 학생을 위해 할 수 있는 것을 다했는지 묻는 것으로 교사의 자발성, 윤리성과도 관계된다.

Responsibility VS **Accountability**
책임   책무성
양심, 윤리성, 자발성   투자한 만큼 성과 기대, 외적욕구

---

[8] 푸른보리(2021.5.6.), 교사도 학교가 두렵다, '책임과 책무성, 무엇이 다를까' (https://m.blog.naver.com/jworigin/222340754806)의 내용에서 인용함.

예를 들면, 교사의 질 높은 수업, 기초학력, 생활지도 같은 교육 활동은 교사의 책임이라 할 수 있다. 학기 말 평가에서 우리반의 부진 학생 비율이 가장 높을 경우, 또는 우리반 아이들이 옆 반 수업이 부럽다면서 옆 교실을 기웃거리면 내 마음이 불편해지는 것은 교사로서 느끼는 양심과 책임 때문에 일어난다.

반면에 책무성은 Aaccountability로 국가와 사회가 예산을 마련해서 지원한 결과에 대하여 그 예산의 효용과 결과를 따지는 것을 말한다. 투자한 만큼 당연히 결과를 보겠다는 관점이다. 따라서 책무성 측정의 기준은 교사 외부에 있다. 국가가 요구하는 조건 충족 여부가 책무성을 다했는지의 기준이 되며 학교에서의 각종 보고는 그 증거가 된다. 이것은 가시적으로 드러날 때 확인이 가능하므로 근거 자료를 요구하는 것이다.

예를 들면, 비만 학생 영양 캠프 참가 신청 공문을 받고 해당 학생을 추천하고 나면 캠프를 다녀온 어린이의 비만 문제가 개선되지 않아도 담당자는 심리적 불편함이나 책임감을 느끼지는 않는다. 교육청이 요구하는 기준에 맞게 신청하였고 실제로 해당 학생이 참가했는지 확인하는 것으로 책무를 다했다고 생각하기 때문이다. 이처럼 돌봄, 학부모 교육 등 국가 사회의 문제 해결을 위해 교사들에게 부과되는 행정업무는 자발적이고 내적인 양심의 반응을 불러일으키지 못하기 때문에 교사들이 열정을 다하지 않는다. 오히려 행정업무 과다에 대한 불만을 하게 되는 것이다.

[행정업무의 어제와 오늘]

초등학교 교사는 1인당 6~10개 교과와 창의적 체험활동을 가르쳐야 한다. 이를 위해 수반되는 교재 연구, 수업 자료 준비, 학습 평가, 진도표 작성, 학생 상담 등은 높은 전문성이 요구되는 업무이다. 주의 집중이 짧은 어린 학습자 특성을 고려한 생활지도 부담도 크다. 교사들의 행정업무로 인한 수업 준비 시간 부족 문제는 어제오늘의 문제만은 아니다.

1960년대부터 1990년대까지 교사 업무 부담에 대한 조사 결과를 보면, 교사들의 행정업무에 대한 불만을 이해할 수 있다.[9]

1960년대 초등학교 교사들은, 교수 활동을 저해하는 요인으로 업무 처리를 가장 많이 지적했다. 근무 시간 안에 업무를 해결하지 못하거나 일요일에도 일하는 교사가 84%로 그 당시의 열악한 근무 환경을 짐작할 수 있다.

① 학교의 사무가 너무 많아 고단하다. (34%)
② 학교의 근무 시간이 잘 지켜지지 않는다. (67%)
③ 자신의 근무량이 8시간으로 해결할 수 없다. (54%)
④ 밀린 과제를 가정에서 혹인 일요일에 처리한다. (84%)

---

9) 한국교육개발원(1998), 앞의 보고서, p.197~199에서 인용함.

1975년에 이루어진 한 조사에 의하면, 수업 부담은 32%, 수업 이외의 교육 활동 부담은 29%, 사무 및 기타 직무 부담이 39%로 교수·학습 활동과 관련되지 않은 사무 부담이 훨씬 크게 나타났다.

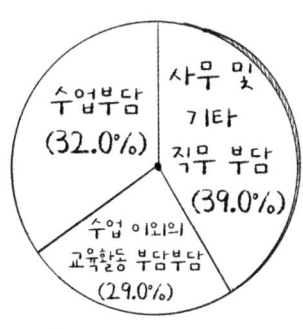

초등교사 업무 부담(1975)

1980년대에도 교사들의 업무 부담은 별로 개선되지 않았다. 업무에 대해 과중하다고 느끼는 비율이 86%, 그 중 매우 과중하다는 응답도 30%나 되었다. 특히 장학지도 대비에 대한 불만이 가장 높았고, 당직 근무, 주번 근무, 공적 장부 정리, 환경 정리, 청소 지도 등 지금은 사라진 업무들도 눈길을 끈다.

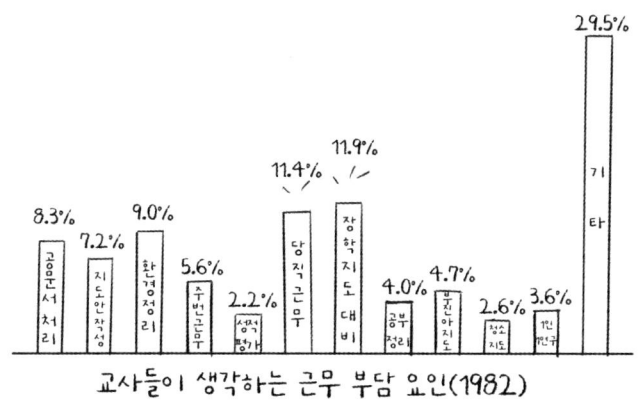

교사들이 생각하는 근무 부담 요인(1982)

1994년의 교육부 공문 접수 및 발송 건수 조사에 따르면 지방의회 요구 자료 등 공문서가 지속적으로 늘어나 규제 위주의 행정 관행이 불식되지 않는 한 교사들의 잡무는 해소되지 않을 것으로 예측하였다.

그렇다면 오늘날 교사의 행정업무는 어떻게 변화되었을까?

'향후 5년 이내 교직을 떠난다면 그 이유가 무엇이냐?'는 질문에 '교권 침해 사례 증가에 따른 교수 효능감 저하'(33.85%)를 가장 많이 꼽았고, 이어 '행정업무로 인한 과다한 스트레스'(18.44%)가 뒤를 이었다.[10] 또한 TALIS에서 중학교 교사를 대상으로 '최근 일주일 동안 업무에 사용한 시간(60분 기준)'을 묻는 질문에 우리나라 중학교 교사는 행정업무(연락, 서류 작업, 기타 사무 포함)에 상대적으로 많은 시간을 할애하고 있었다.(한국 5.4시간, OECD 2.7시간)[11]

이처럼 교사들의 행정업무 불만은 너무나 오랫동안 지속되어 왔고 다른 나라에 비해서도 많이 높다는 사실은 걱정스러운 일이다. 지금도 Evpn 사용 승인을 받아 퇴근 후 집에서 업무를 처리하는 교사들이 있는데 앞으로도 교사들에게 근무 시간 안에 업무를 다 처리하지 못할 만큼 업무를 부여하는 것이 당연하다고 생각한다면 그것은 시대를 거꾸로 사는 사람이다.

---

10) 에듀프레스(edupress, 2023.11.27.), 보도자료에서 인용함.
　　"교육부-교육개발원, 교원 인사 제도 개선을 위한 인식 조사 결과"
　　"교권 침해에 따른 교직 효능감 저하", "과도한 행정업무" 꼽아
11) 한국교육개발원(2019), 앞의 보고서, p.90에서 인용함.

[학교에서의 업무가 돌아가는 방식]

학교에서는 업무를 어떻게 처리하고 있을까?

우리는 그동안 업무가 많다고 불만을 쏟아내면서 왜 불만이 많은지를 구체적으로 들추어보지는 않은 듯하다. 행정업무에 치여 수업 준비가 부실한 교사들의 불만이 투정으로 들리지 않도록 가장 스트레스 정도가 심한 업무 하나를 드러내 보고자 한다. 이것은 바로 방과후학교 업무이다.

방과후학교는 학부모들의 사교육비 경감과 교육 격차 해소를 위해 2006년부터 추진한 정책이다. 국가는 정책을 도입하면서 방과후학교 매뉴얼 배포, 방과후 코디네이터 채용 예산을 편성하여 시·도에 교부하였다. 그리고 추진 상황을 독려하기 위해 시·도 교육청 평가에 반영하여 관리하고 있으며 지금까지도 학생 참여율 60%를 시·도 교육청 평가를 통해 점검하고 있다. 그러나 20년이 지나도 사교육비는 줄어들지 않고 있다. 학교에서는 수업이 끝난 후 학생들에게 꼭 필요한 동아리 활동을 열어주고 싶어도 방과후학교 때문에 시간, 장소, 학생 모집이 어려워 엄두를 못 내기도 한다.

방과후학교 부장 교사는 매년 수요자 중심 방과후 프로그램 개설을 위해 학부모·학생 설문 조사 및 분석, 방과후학교소위원회 개최, 20개 내외 프로그램 시간 편성, 외부 강사 채용 공고, 서류 및 면접 심사, 강사 계약, 성범죄 경력 조회, 강사 연수, 청렴 서약 및 홍보, 만족도 조사, 프로그램 참가자 수 결과 보고에 이르기까지 지침이나 매뉴얼을 검토하고 세심하게 추진해야 한다. 수익자 부담 사업으로 학교운영위원회 심의를 받아야 하고 교육청의 감사, 정기적 컨설팅도 받는다. 교무실무사가 담당하는 방과후 자유수강권, 강사 수당 지급, 강사 출결 관리, 방과후 강사 수업 공개 등의 업무는 제외하고도 이만큼의 일을 교사가 수행하는 것이다.

담임교사도 방과후학교 업무에 적극 협조해야 한다. 학급 아이들에게 방과후학교 참가 신청서 배부 및 수합에서부터 반 아이들의 방과후학교 참여 상황에 관심을 두고 살펴봐야 한다. 특별실이 부족한 학교의 교사는 수업 후 교재 연구나 업무 처리를 못하고 교실을 비워주어야 한다. 가끔은 교실을 함께 사용하는 방과후 강사와 청소 문제로 갈등이 일어나기도 한다. 더 큰 불만은 방과후학교 업무를 왜 교사가 해야 하는지 그 의미를 찾지 못한다는 것이다. 교사 본연의 업무가 아니라는 생각 때문에 이런 감정이 드는 것이다.

학부모 교육, 늘봄교실도 마찬가지다. 늘봄교실은 교사에게 더 이상 업무를 떠넘기지 말라는 교사들의 항의에 못 이겨 인력을 지원하였지만 아이들 간식 업체 공고에서 계약까지 교사가 해야 했고 시행되고 있는 지금도 문제점은 많다. 2024년 늘봄학교 전면 도입을 두고 교사들의 거센 저항을 받은 것도 이런 이유이다.

그 밖에도 학교에서 추진하는 각종 대회나 행사 업무도 스트레스 요인이다. 예를 들면 교기 지도, 과학대회, 관현악 등을 담당하는 교사는 방과 후, 심지어 점심시간을 비롯한 자투리 시간에도 아이들을 모아 지도를 한다. 간식 준비, 연습실 관리, 대회 의상 준비, 예산 지출 품의 등 수업 준비보다 훨씬 더 손이 많이 간다. 이런 일은 적게는 한 달, 많으면 6개월 이상 대회가 끝날 때까지 추진되는 업무이다.

작은 학교는 교사 1인당 6~8개 정도의 업무를 맡고 있어 부담은 더 크다. 학교 자체적으로 추진되는 각각의 통상 업무들이 경중의 차이는 있으나 계획 수립에서 결과 분석까지 어느 업무 하나 그냥 간단히 끝나지 않는다. 방과후학교 업무만큼은 아니지만 이와 같은 나름의 과정을 거쳐 문서로 기록되고 처리되는 것이다. 학교 전자문서의 공문 검색을 해보면 더 설명이 필요 없이 금방 알 수 있다. 학교에서 교사들이 주로 하는 업무를 간략히 소개하면 다음과 같다.

〈표1〉 교사 업무 분장 (예시)

부서	업무 분장 내용
교무	교무기획, 성과상여금, 초빙교사제, 청렴 의지도 평가, 범죄 경력 조회, 월중 교육 계획, 학교생활기록부, 학업 중단, 학적 관리, 학교 교육 설명회, 교원 인사 및 복무, 교원 포상, 교권 보호, 인사위원회, 계약제 교원 임용, 졸업·입학 등 행사, 보결 배정, 각종 계기 교육 등
교육 과정	학교 교육계획, 교육과정 편성·운영, 학교평가, 교내 자율장학, 기초학력 향상, 생활기록부관리, 학업성적관리위원회, 학생 동아리활동, 교원 연수, 진로 교육, 독서 교육, 1수업 2교사제, 공교육 정상화, 영어 교육, 원어민 관리, 창의적 체험 활동, 특수 교육, 교원 연구대회, 학교·학급 경영평가, 현장체험학습 등
생활 교육	생활교육기획, 학교폭력 예방 교육, 학교생활 규정, 학생 및 학부모 상담주간 운영, 학생회 조직 및 지원, 인성 교육, 안전 교육(소방, 교통 등), 학생 참여 예산제, 어울림 프로그램, 모범 학생 표창, 청소년 단체, CCTV 업무, 다문화 교육, 생명 존중 및 자살 예방 교육, 위기관리위원회, 또래상담, 아동학대 등

체육 예술	체육교육기획, 교기 지도, PAPS 평가, 학생 건강 증진학교, 육상경기대회, 학교 스포츠 클럽, 교내 체육 행사, 체육 활동 기구 관리, 문화 예술 행사, 1인 1악기, 국악대회, 청소 관리, 보건 교육, 악기 관리, 체육관 관리, 예술강사 관리 등
과학 정보	과학·환경교육기획, 정보화교육기획, 과학·환경 행사, 영재학급, 과학대회, 학습 준비물, 과학실 및 공작실 관리, 과학 교구 관리, 인터넷 게임 중독 예방 교육, 창의 융합 교육, e-학습터, 정보화 실태 점검, 학교 전산망, 정보공시, 정보 기자재 관리, 저작권 교육, 나이스 시스템, 스마트 교육, 방송실, 컴퓨터실 운영 등
방과후 복지 학부모	방과후학교운영기획, 교육복지우선지원사업, 방과후학교소위원회, 방과후학교 강사 연수, 방과후교육경비지원사업, 늘봄교실, 정서행동 특성 검사, 저소득층 지원 사업, 학부모 연수, 학부모회 운영 등

하루 5~6시간의 빼곡한 수업 준비와 생활지도, 각종 업무 등으로 수업 연구를 할 시간이 없다는 것은 교사와 학생 모두에게 불행한 일이다. 무엇보다 지금은 아이들이 달라져 학급 질서 유지와 수업만으로도 힘든 상황이다. 교사들은 정해진 8시간의 근무 시간 안에 수업과 업무를 처리하게 되어 있다. 보고 기한을 지키기 위해서 행정업무를 늘 우선하다 보니 수업 연구는 후순위에 둘 수밖에 없다. 국가공무원이란 교원의 신분적 특성으로 지시에 순응하면서 행정업무와 교육과정 운영의 균형을 찾지 못하고 교사들은 힘들어하고 있다. 이렇게 힘들어하는 교사들에게 끊임없이 업무를 부여하는 것은 무거운 짐을 짊어지고 가는 나그네에게 짐을 하나 더 얹어 주고 길을 걷게 하는 것과 같은 것이다.

바쁜 교사를 빨리 발음하면 나쁜 교사로 들릴 수 있다. 바쁜 교사는 두

가지 중 하나를 선택한다. 정책을 건성으로 추진하거나 수업 결손을 하거나이다. 결국 무엇을 선택하든 나쁜 교사가 되고 마는 것이다. 교사가 수업 준비에 투자할 시간이 없을 정도로 바쁜 것은 재난이란 말을 들었다. 이제 교사에게 수업에 전념할 시간을 돌려주자. 그것이 국가의 미래교육을 위해 더 바람직하고 효과적인 투자이며, 우리나라가 교육 선진국으로 나아가는 길이다.

교사의 정체성은 수업이다

 2023년 10월 교권 침해로 교사들이 학부모와의 대면을 부담스러워해서 예정된 학부모 수업 공개를 취소한다는 뉴스를 보았다.[12] 그리고 교사를 익명으로 평가하는 교원 평가제도가 교권 위협의 수단이 된다는 비판이 일자 교육부도 2023년은 교원 평가를 시행하지 않는다는 방침을 발표하고, 현재 제도 개선 방안을 마련 중에 있다. 여기에 3년간 지속된 코로나 팬데믹은 원격수업과 함께 수업 공개를 위축시키는 요인이 되었다.
 정부는 교사들의 수업 전문성 신장을 위하여 교원능력개발평가를 도입하였다. 교원능력개발평가를 처음 도입하기 전까지만 하여도 대부분

---

12) 매일경제(2023.10.10.), 보도자료에서 인용함.
   "학부모 만나기 싫어요."... 공개 수업 줄줄이 취소.

의 학교에서는 학년별 대표 학반을 정하여 수업을 공개하고 수업협의회를 실시하여 왔다. 2010년부터 교원능력개발평가가 도입되면서 전교사 수업 공개가 의무화되었고, 30년 만에 처음으로 수업 공개를 했다는 어느 교사도 있었다. 그러나 그룹별로 동료 교사 수업을 평가하다 보니 우리반 수업 결손을 하면서 동료 교사 수업을 참관하는 문제가 나타났다. 이후 수업을 녹화하여 영상으로 탑재하고 평가하니 실제로 수업 영상을 보지 않고 평가를 하는 등 또 다른 문제점이 생겼다. 결국 제도 도입 이전의 학년 대표 수업과 수업 협의 문화조차 사라지는 결과를 초래하였다.

또한 학교에서도 이미 오래전부터 교사들의 수업 전문성을 높이기 위하여 교내 자율장학을 실시하여 왔다. 전문학습공동체, 수업 공개의 날, 교원 연수, 선후배 멘토링 등 학교 여건에 맞게 방법도 다양화하였다. 3월 학부모 대상 수업 공개를 포함하여 연간 1~2회 이상 학교 자율적으로 수업 공개를 실시하고 있다. 3년 미만의 신규 교사는 임상장학이 있어 좀 더 많다.

교육청 차원에서도 교사들의 수업 전문성 신장을 위해 노력하고 있다. 혁신학교, 미래학교, IB 월드스쿨 등을 통해 수업 중심 학교문화 모델을 만들어 가고 있다. 또한 교실 수업 개선 연구학교나 선도학교 등을 운영하여 수업을 대외적으로 공개하고 우수한 수업을 교사들이 참관하도록 적극 권장하고 있다.

그 밖에는 개인적으로 수업 전문성을 기르고 싶은 열정 있는 교사들이 수업 관련 연구 대회에 참여하거나 동료들과의 자발적 전문학습공동체 또는 연구회 등에 참여하며 스스로 수업 성장을 위해 노력하기도 한다.

  이와 같은 수업 전문성 신장을 위한 그간의 노력이 어느 정도 성과를 거두었는지의 결과를 떠나 교육청이나 학교에서는 지치지 않고 교사들의 수업력 향상에 정성을 기울여왔다. 그 이유는 교사 정체성의 핵심이 바로 아이들이 가장 많은 시간을 보내는 수업 시간이며 이것은 초·중등교육법으로 정해진 교사의 책임이고 공적 행위이기 때문이다.

  이것을 알고 있음에도 불구하고 갈수록 교사들이 수업 공개를 기피하는 이유는 무엇일까? 적게는 한 달, 길게는 몇 개월이 걸리는 준비 과정의 힘듦, 동료 교사들 앞에서 수업을 하고 평가를 받는다는 심적 부담이 가장 큰 이유이다. 그리고 힘들게 준비한 수업에 대한 교사들의 참관 태도, 형식적 칭찬, 수업의 질적 성장을 견인하는 피드백의 부족, 듣기 좋은 말만 오고 가는 협의회의 공허함 등도 한몫한다. 교감선생님과의 다음 면담 내용에서도 수업 공개를 기피하는 교사들의 마음을 짐작할 수 있다.

> **A학교** 내 수업을 보여주는 게 부담스럽고 남이 보는 것이 싫다는 거죠. 알게 모르게 비교당하고 평가당하는 것도 싫은 마음. 평소와는 다른 수업을 해야 한다고 생각하니 그 수업을 위해서 준비도 해야 되고 시간도 써야 하니까요. 그래서 대부분의 교사들은 수업 공개는 안 하면 안 할수록 좋아할 거예요. 근데 그렇게 싫어하고 두려워하는 수업일지라도 그 수업을 자기가 생각하는 대로 잘해냈을 때 굉장히 기뻐하고 뿌듯해 하는 건 대부분의 교사들이 가지는 느낌인 것 같아요. 자신감도 가지는 것 같아요. 교감으

로서 그런 느낌을 가지게 하려면 일단 수업을 하게 해야 하는데 그것이 힘들어요.

B학교 전 기본적으로 성과상여금 지급 기준에 수업 공개 2회 이상만 하면 되니 일단 해야겠다는 마음이 없다는 생각을 하는 것 같아요. 다들 횟수로 똑같은 점수를 받으니까요. 또 교육 환경이 열악한 학교이다 보니 교사가 가진 모든 에너지를 생활지도와 학부모 민원 처리에 쏟고 수업 공개할 힘이 없다고 해요. 물론 의지의 문제이지만 될 수 있으면 하지 않으려고 하지요. 그리고 수업 공개까지 가는 길이 멀고 험하지요. 기본 생활 습관부터 아이들과 호흡 맞추기, 수업 흐름잡기, 학습 훈련 등 모든 총체적인 것의 결과물이 수업이니까 그냥 교사 주도로 가는 길을 원하지요. 작년에 정말 우스운 일은 선도학교 대표 수업 공개할 사람이 없어서 두 번 설득해도 절대로 하지 않겠다고 하기에 마지막 카드로 성과상여금 S등급을 주겠다고 했지요. 부장들에게 선택권을 줘도 하기 싫다하기에 어린 순서대로 사정해서 했죠. 이후 연말에 수업 한번하고 S등급 주는 것은 맞지 않다고 수근대는 것을 보고 기분이 좋지 않더라구요. 그만큼 수업 공개를 부담스러워 하지요. 경력이 짧으면 짧은 대로 많으면 많은 대로 이 정도밖에 하지 못한다고 할까 봐 두려워하면서 문을 닫기 바쁘지요.

이처럼 수업 공개는 교사의 자존심도 걸린 부분이고 신경써야 하는 것이 많다 보니 대부분 부담스러워한다. 특히 교육청의 요구에 따라 실시하는 선도학교나 연구학교의 경우는 대외 수업 공개 대상자 선정에 진땀을 빼기도 한다. 이 경우 서로 하지 않으려 하다 보니 학교에 따라 차이는 있지만 마음 약한 교사나 저 경력 교사가 수업 공개를 주로 하게 된다. 자발적으로 수업 공개와 나눔을 하려는 교사가 많지 않다는 사실이다.

이러한 수업 공개 기피 문화는 교원 성과상여금 제도에서도 그 원인을 찾을 수 있다. 교원 성과상여금 제도는 교사들이 가장 싫어하면서도 동시에 관심이 많은 정책이다. 성과상여금 지급 기준 중에서 정량평가 부분은 수업, 생활지도, 업무 등의 영역으로 나누고 교육청 지침을 근거로 세부 평가 지표를 학교에 맞게 교사들이 협의하여 정한다. 이들 중 수업 영역의 평가 기준은 주로 주당 평균 수업 시수, 수업 공개 횟수를 평가한다. 그러다 보니 교사 개인별 수업 역량 차이가 분명히 있음에도 기준만 넘으면 동등한 성과라고 생각하게 된다. 오히려 교기 지도, 공모 사업, 대회입상, 심지어 친목회 업무도 기피 업무로 가산점을 주어 성과상여금 등급이 결정되기도 한다.

어차피 모두가 수업 공개 횟수만 충족하면 되니 업무로 차등을 둘 수밖에 없고 교사들에게는 이런 모습이 더 공정하게 여겨질 수도 있다. 이와 같은 학교문화에서는 수업 중심 학교문화를 기대하기는 불가능하다. 결국 교원 평가 이전보다 오히려 교사들의 수업 연구에 대한 자발성이 더 떨어졌다고 보면 된다.

이러한 요인들로 인하여 수업 공개를 기피하는 문화에 익숙해진 교사들은 오래전부터 교과서 해설자로서 전통적인 수업을 하거나 온라인 교육용 콘텐츠 소비자로 편한 수업을 한다. 문제는 여기에서 끝나지 않는다. 이런 학급의 아이들은 적극적으로 수업에 참여하지 않기 때문에 교사의 지시도 잘 따르지 않는다는 점이다. 학원의 선행학습이 많은 교실일수록 수업 전문성은 오히려 더 중요해진다. 교실이 무너지는 가장 중요한 원인 중 하나는 많은 시간을 차지하는 수업 시간이 재미없다는 것이다.

이런 교실은 교사의 자기 효능감도 낮고, 생활지도도 힘들며, 교사 혼자 독주하는 고독한 교실이 된다. 결국 아이들로부터 상처를 받는 것은 고스란히 교사 몫이다. 예를 들어 어떤 A라는 아이에 대하여 작년 담임교사는 너무 힘들었다고 말하고 새로운 담임교사는 별문제 없이 잘하고 있다고 말하는 모습을 보게 되는 경우가 있다. 이것은 담임교사의 전문성이 그만큼 중요함을 의미한다.

최근 이와 같이 수업 공개를 기피하는 교사들의 문제점을 인식하고 교육부는 내실 있는 장학지도를 위하여 수업 공개를 의무화하는 등의 내용을 담은 초·중등교육법 시행령 개정안을 입법 예고하였다. 현재 학교장 재량으로 학교마다 연 1~2회 정도 진행하는 수업 공개를 의무화하려 한 것이다. 그러나 교육부는 온라인 소통 플랫폼 '함께학교'에 제안된 현장 교사들의 반대에 부딪혀 수업 공개 법제화를 철회하였다. 다음은 수업 공개 법제화를 반대하는 보도 내용이다.

> 교사들의 수업 공개 법제화 반대 이유는 이미 연 2회 이상 학부모 및 동료 교사 대상 수업 공개를 실시하고 있으며, 형식적 횟수에만 맞춘 하향

평준화, 자발성 상실, 자율성 훼손 등의 문제점이 있기 때문이라고 한다. 그리고 교육부가 일관되게 수업에 충실한 교사를 우대한다는 방침에 따라 자발적인 수업 공개와 같은 활동을 지원하는 정책을 마련해 달라는 교사들의 의견도 있다. 교원 단체도 진정으로 수업 개선을 바란다면 수업 공개와 나눔을 학교 자율에 맡기고 교사들을 격려, 지원하는 노력을 기울여야 한다고 강조했다.[13]

결국 정부가 수업 공개 법제화를 철회한 이유는 현장의 자발적인 확산을 지원하는 것이 교실 수업 혁신의 취지를 더 효과적으로 구현하는 것으로 판단하였기 때문이다. 현장과 소통하며 정책을 추진하려는 교육행정의 변화가 무척 반갑다. 사실 법으로 교실 수업을 바꿀 수 있다면 우린 벌써 세계 최강의 수업 전문성 보유국이 되어 있어야 옳다. 느리게 가더라도 교사 스스로 자기 수업에 대한 수업 전문성을 키워 가도록 해야 한다. 그동안 밑 빠진 독에 물 붓는 심정으로 노력한 수업 전문성 지원 정책들의 성과가 크지 않음도 그렇게 해야 하는 이유이다.

교사들의 수업 전문성과 관련하여 김현수는 교사에게 있어서 수업의 의미를 다음과 같이 말하고 있다.[14]

---

13) 아시아경제(2023.11.30.), 보도자료에서 인용함.
  - 교육부, '수업 공개 법제화'추진 않기로…"교육 주체 제안 수용하겠다."
14) 김현수(2013), 앞의 책, p.164~165에서 인용함.

"교사들의 가장 큰 열망은 당연히 수업을 잘 하는 것이요 교사에게 수업은 외과 의사의 수술과 똑같다. 수업도 수술도 직업적 정체성과 삶의 정체성을 표현하는 숭고한 노동행위다. 또 외과 의사가 수술을 잘하고 싶어 하는 마음과 교사가 수업을 잘하고 싶어 하는 마음은 매우 중요한 열망이다. 교사로 살면서 가장 싫은 일이 수업일 수 없으며, 그래서도 안 된다. 수업을 포기한다는 것은 현장 교사직을 포기한다는 것과 같은 말이다."

혹시 이 의견에 반대 의견이 있을까? 나는 한마디도 틀린 말을 찾지 못하였다. 수업을 잘하는 것은 교사의 가장 큰 열망이며 교사의 직업적 정체성을 표현하는 행위라는 뜻이다. 그렇다면 수업을 잘하고 싶은 교사의 열망을 어떻게 이룰 수 있을까? 이것은 2020년 EBS 다큐프라임, '무엇이 학교를 바꾸는가'에서 '수업 공개는 교사 전문성 신장에 도움이 된다(86.2%)', '학습공동체 활동이 수업의 질을 높이는 데 도움이 된다(88.1%)'고 하는 교사들의 대답에서 그 해답을 찾을 수 있다. 즉 수업을 잘하기 위해서는 수업 공개를 많이 해야 하고, 동료 교사와의 학습공동체 활동을 통해 질 높은 수업 성장이 일어남을 확인할 수 있다.

교사로서 가르침에 대한 열정을 잃고 우수한 교사들이 '벽장 속의 작은 거인'으로 살아가는 것은 참 안타까운 일이다. 교권 침해 사례가 다반사로 일어나는 시대를 살면서 교사들의 아픈 외침이 메아리가 되지 않으려면 가장 먼저 수업을 잘하는 교사가 되어야 한다. 치열한 교실에서의 실천적 수업 전문성에서 터져 나오는 교사들의 절규야말로 아이들과 학부모의 마음을 얻고 불합리한 학교문화와 제도 개선의 힘 있는 목소리가 될 수 있기 때문이다. 수업을 잘하는 것, 수업을 통해 아이들과 좋은 관계를 맺는 것, 그것은 바로 교사의 직업적 정체성이다.

교사의 수업 전문성 개발

교사 자질(敎師-資質)은 교사의 자격과는 구분된다. '자격'이란 법적으로 규정된 '교사 자격증'을 가지고 있음을 말하는 것이며, '자질'이란 교사가 될 수 있는 어떤 인간적인 바탕을 의미한다. 따라서 교사 자격이 있다고 해서 우수한 교사 자질을 갖추었다고 보지는 않는다.

나는 교사 시절 4년 정도 대구교육대학교 교수님들과 이론과실천연구회 모임에 참여한 적이 있다. 퇴근 후 허겁지겁 저녁 모임에 참석하면서 우리는 한목소리로 '너무 바쁘고, 힘들어 죽겠다.'는 말을 하고 있었다. 그럴 때마다 교수님께서 우리에게 끊임없이 들려주신 말씀이 있다.

"우리나라 교사들은 늘 바쁘다고 말하면서 1급 정교사 받은 이후에는 더 이상 교사 자질 개선을 위해 노력하지 않는다. 그래서 3년 된 교사나 30년 된 교사나 경력에 따라 교사 전문성 간의 차이가 크게 없다. 자기 수업 행위에 대한 반성적 성찰을 통하여 교사로서의 자질 개선을 위해 노력하지 않는다."

3년 된 교사와 30년 된 교사 간 수업 전문성의 차이가 크게 없다는 충고가 처음에는 이해가 되지 않았으나 지속적으로 듣고 성찰하면서 틀리지 않음을 알게 되었다. 교사 경력이 높을수록 수업 연구나 힘든 업무를 기피하는 것은 일반적인 사실이었기 때문이다.

교수님께서는 이와 같은 교사들의 문제를 걱정하면서 숀(Schon)의 '실천 중 반성'을 통한 교사의 자기 자질 획득의 과정을 강조하곤 하셨다. 교사의 '실천 중 반성'이란 타인이 만들어 놓은 이론의 단순한 적용이라기보다는 교수·학습에 대한 교사 자신의 '자기 학습의 과정'(Self-Learning)이라 할 수 있다. 따라서 교사는 스스로 자신의 수업 행위를 관찰하고 반성하는 과정에서 교실에 적합하지 않은 이론은 버리거나 재구성하여 새로운 수업 이론을 만드는 사람으로 성장해 나가야 하며, 이것이 바로 교사의 자기 자질 개선의 과정이라고 설명하였다.[15]

그러나 실제 현장에서 교사 자질 개선을 위해 스스로 노력하는 교사를 찾아보기는 쉽지 않다. 나는 그 이유가 해방 이후 지금까지 지속된 행정업

---

15) 이종일(2006), 『사회과 탐구와 교사 자질』, 교육과학사, p.249에서 인용함.

무, 낮은 직무 만족도, 학교문화에 원인이 있으며 이로 인하여 우리나라 교사들이 자기 효능감을 키우지 못한 데 그 원인이 있다고 생각하였다.

교사의 자기 효능감이란[16] 교사에게 부여된 업무를 수행하기 위해 필요한 다양한 능력 즉 교수·학습 능력, 학생 생활지도 능력, 학급경영 능력 등에 대한 스스로의 판단 혹은 신념이라고 할 수 있다. 자기 효능감이 높은 교사는 학생을 가르치는 일이 중요하고 가치 있는 일이라고 인식하며, 교사 자신이 학생의 학습에 긍정적인 영향을 주었다고 판단함으로써 개인적인 성취감을 경험한다(Ashton, 1984). 또한 학생들의 발전을 기대하고 새로운 교수법을 찾으며, 학습목표 결정에서도 민주적인 방식을 이용하여 학생들을 참여시킨다. 뿐만 아니라 어려운 상황에서도 포기하지 않고 바람직한 방향으로 나아가기 위한 도전적·구체적 목표를 선택한다(Hoy & Miskel, 2008). 따라서 교사의 자기 효능감은 교사의 자질을 판단하는 기준이라 하여도 지나치지 않다.

TALIS에서는 이와 같은 '교사의 자기 효능감'을 교수·학습 효능감, 학생 참여 효능감, 학급경영 효능감의 세 영역으로 구분하여 측정하였다. '교사의 자기 효능감'을 측정하기 위한 영역별 문항의 내용은 아래 〈표2〉와 같다.[17]

16~17) 한국교육개발원(2019.12월), 앞의 보고서, p.116에서 인용함.

〈표2〉 TALIS 2018 교사의 자기 효능감

구분		문항 내용
교사 자기 효능감		34. 선생님은 학생들을 가르치는 데 다음의 행동들을 어느 정도 할 수 있습니까?
	교수·학습 효능감	1) 학생들을 위한 좋은 문제 만들기 2) 다양한 평가 전략을 사용한다. 3) 학생들이 잘 이해하지 못할 때 다른 방식으로 설명해 준다. 4) 수업 시간에 다양한 교수 전략을 사용한다.
	학생 참여 효능감	5) 학생들에게 학업을 잘 해내고 있다는 믿음 주기 6) 학생들이 배움을 가치있게 여기도록 돕기 7) 학업에 관심없는 학생들에게 동기 부여하기 8) 학생들이 비판적으로 사고할 수 있도록 돕기
	학급 경영 효능감	9) 교실에서 방해되는 행동을 통제하기 10) 학생의 행동에 대한 기대를 명확히 하기 11) 학생들이 학급 규칙을 따르도록 만들기 12) 방해가 되거나 시끄러운 학생을 진정 시키기
4점 척도 (할 수 없음, 조금 할 수 있음, 꽤 잘할 수 있음, 매우 잘할 수 있음)		

이 평가 문항들을 자세히 읽어보면 교사들이 아이들과 교실에서 직접 사용하고 있는 실제적인 수업 능력을 진단하는 문항으로 구성되어 있음을 알 수 있다. 이러한 능력은 경력과 함께 저절로 높아지는 것이 아니라 '실천 중 반성' 행위를 통한 교사 스스로의 자질 개선 노력과 수업 중심 학교문화의 바탕 위에서 길러질 수 있는 것이다.

그러나 학교 현장은 행정업무 중심, 수업 공개 기피 문화가 39년 전 나의 신규 시절이나 지금이나 변함이 없이 지속되고 있다. 오히려 더 복잡하고 다양해진 행정업무와 학부모 민원 등으로 교사들의 피로와 스트레스는 늘어날 뿐이다.

그래서일까? 우리나라 교사들은 우수한 학력에도 불구하고 교사 효능감이 TALIS 평균보다 낮은 편이다. 우리나라 초등학교 교사들의 '교사의 자기 효능감' 평가에서 효과적인 행동들을 얼마나 잘할 수 있는지 스스로 평가한 결과 대부분 OECD 평균보다 조금 낮거나 큰 차이가 없었다. 그리고 학급경영 효능감은 다른 나라보다 좀 더 낮게 나타났다.[18]

[초등교사 학급경영 효능감, 타국가 보다 낮아]
- 전체 수업 중 질서 유지에 사용하는 시간 비율 (한국 17%, TALIS 16%)
- 질서 유지 때문에 직무 스트레스를 경험했다 (한국 48%, TALIS 41%)
- 학생들에게 원하는 행동을 명확하게 알려줄 수 있다 (한국 88.2%, TALIS 92.2%)
- 학생들이 학급 규칙을 따르도록 할 수 있다 (한국 90.8%, TALIS 91.1%)

이와 같은 우리나라 교사의 낮은 효능감에 대하여 이혁규는 그의 저서 『한국의 교사와 교사되기』에서 낮은 교사의 효능감은 탄탄한 교사 협력과 학습공동체를 통해 문제 해결을 할 수 있다고 주장하고 있다.[19]

"나는 교사들을 작은 벽장에 갇힌 거인으로 은유하였다. 거인을 감금하고 있는 벽의 많은 부분은 타자가 밖에서 쌓은 것이다. 그러나 적어도 일

---

18) 교육플러스(2021.9.29), 보도자료에서 인용함.
　　한국 초등교사 "교실 질서 유지 스트레스 높고 학급경영 효능감 낮아"
19) 이혁규(2021), 『한국의 교사와 교사되기』, 교육공동체벗, p.293~294에서 인용함.

부 벽은 교사들 스스로 쌓아 올린 것이다. 자기와 타자가 공모하여 쌓은 성채에 감금되어 거인은 능력을 발휘하지 못하고 있다.

– 중략 –

그리고 왜 우수한 교사들이 능력을 발휘할 수 없는지 진단해 보려고 한다. 나는 우리 교사 사회가 낮은 교사 효능감 문제를 대면하고 그 해결책을 진지하게 고민해 보아야 한다고 주장한다. 또한, 탄탄한 교사 협력과 학습공동체는 이 문제를 해결할 수 있는 첩경임을 경험하기를 소망한다."

그는 TALIS 연구의 '교사의 자기 효능감' 세 영역과 관련된 구체적인 조사 문항이 모두 포괄적으로 교사의 수업 능력과 관계된다고 말하면서, '더불어 성장하는 성찰적 실천가'를 바람직한 교사상으로 상정하고 교사가 갖추어야 할 수업 능력을 수업 설계 능력, 수업 실행 능력, 수업 성찰 능력, 수업 소통 능력의 4가지로 범주화하였다. 그리고 4가지 범주를 균형 있게 성장시키는 것이 수업의 총체적 성장임을 강조하였다.[20]

나는 이혁규 교수의 의견에 전적으로 공감한다. 교사 시절 '실천 중 반성'을 통해 나의 수업을 성찰하고 교사 자질 개선을 위해 노력한 과정이 바로 성찰적 실천가의 수업 능력 4가지와 같은 맥락이었기 때문이다. 그리고 교장이 되어 교육과정 문해력을 기반으로 교사들과 수업의 설계–실행–성찰–소통을 함께하면서 교사들의 자기 효능감이 높아지는 것을 지켜보았

---

20) 이혁규(2021), 앞의 책, p.300~304의 내용에서 인용함.

기 때문이다. 한마디로 내가 하고 싶은 말이 그대로 담긴 주장이었다.

질 높은 교육은 높은 '교사의 자기 효능감'이 수반되어야 실현된다. 이를 위하여 우리는 그동안 가장 손쉬운 방법으로 교사 연수 프로그램을 개발하고 적용하는 데 집중하여 왔다. 그러나 이러한 연수 프로그램도 결국 교사의 자발적 참여와 실천적 성찰에 의해 성과를 얻는 것이지 연수를 한다고 교사들의 효능감이 높아지는 것이 아니었다. 결국 교사의 수업 전문성을 높이는 가장 좋은 방법은 '실천 중 반성'으로 스스로 자기 자질을 개선하거나, 성찰적 실천가의 수업 능력 4가지를 동료와 함께 실천하는 것이다.

그래서 우리는 지금까지 전문학습공동체의 거센 소용돌이를 일으켜 왔던 것이다. 그 소용돌이는 아직 그 힘이 미약하고 쉽게 부서지는 수준이긴 하지만 동료 의식을 조금씩 구축하여 성찰적 실천을 함께하는 기반을 마련하였다. 이제 자신의 부족함을 진단하고 배움의 동기를 동료 교사와 공유하면서 함께 실천하는 일이 남았다.

다음 장에서는 '실천 중 반성'을 통해 수업 성장을 위해 노력했던 '나의 인생 수업' 사례를 소개하고자 한다.

제2장

나의 인생 수업

첫 수업 공개의 실패에서 벗어나기

교사의 전문성 신장을 위해 피할 수 없는 것이 수업 공개이다. 교원능력개발평가의 도입으로 교사들의 수업 공개가 의무화되기 전에는 주로 학년 대표 1명이 수업을 공개하고 전 교사가 모여 수업협의회를 하였다. 그리고 대부분의 학교에서 신규 교사는 임상장학을 위해 매년 1~2회 수업 공개를 더 하였다. 이러한 수업 공개는 교사와 아이들 모두에게 긴장감을 준다.

교사가 된 지 3개월 만에 이루어진 나의 첫 수업 공개는 신규 교사 임상장학이었다. 교장, 교감, 연구 부장이 수업을 참관하였다. 2학년 바른 생활, '때와 장소에 알맞은 인사하기'였다. 인사 예절의 중요성을 알고 학교, 문구점, 동네 어른, 친구 등 때와 장소에 맞게 인사하는 방법을 알고 실천하도록 지도하는 내용이었다.

요즘은 수업 자료로 다양한 온라인 콘텐츠를 사용하지만 그때는《새 교실, 교육자료》등의 월간지를 통해서 수업 연구와 자료로 활용하였다. 나는 새교실 지도안에 소개된 역할극 활동이 재미있을 것 같아서 역할놀이 수업을 준비하였다. 그러나 평소 역할극 경험이 없다 보니 발표 잘하는 아이 몇 명을 제외하고는 기어들어 가는 목소리로 주어진 역할극 대본을 책 읽듯이 했다. 인사를 잘하겠다는 실천 다짐도 몇 명만 발표하고 손 드는 아이들이 없어서 10분을 남겨둔 채 수업이 싱겁게 끝났다. 아이들은 자신감이 없었고 수업이 끝날 무렵에는 나의 말에 전혀 주의를 기울이지도 않았다. 나는 너무 당황하여 남은 시간 10분은 레크레이션을 하고 수업을 마무리하였다. 시간이 부족한 것은 흔한 일이지만 10분이나 남는 수업 공개는 보기 드문 일이다.

나는 수업 중 머릿속이 하얗게 되면서 수업이 실패했구나 하는 생각뿐이었다. 사실 학습자 실태 분석은 구색만 맞추었고, 열심히 역할놀이 준비는 하면서도 단원 설계는 생각하지 않고 본시 활동만 잘하면 된다고 생각하였다. 역할놀이는 다른 교과 시간과 연계하여 체계적으로 지도해야 한다는 것, 인사의 중요성을 먼저 이해하고 적용 활동으로 역할놀이를 해야 한다는 것도, 몇 년이 지난 뒤, 다음 학교에서 1학년 대표 수업 공개를 하면서 알게 되었으니 말이다.

실수투성이의 첫 수업 공개로 나는 자신감을 잃었다. 만약 누군가 "안 선생님 수업 준비 다 되었나요?", "어떻게 수업을 준비했는지 한번 볼까요?"라고 물어봐 주고 설계의 부족함을 조언해 주었다면 나의 첫 수업은 어떻게 되었을까? 적어도 30분 만에 수업이 끝나지는 않았을 것이다. 수업을 제대로 지도해 주지 않고 본인에게 맡겨진 신규 교사 임상장학이라면 누가 기꺼운 마음으로 수업 장학을 받으려 할까? 수업에 타고난 재능이 있는 교사가 아니고서는 처음부터 수업을 잘하기는 쉽지 않다.

교장이 된 지금 신규 교사 수업은 '내가 하는 수업이다'는 생각을 갖게 된 것도 이런 경험 덕분이다. 첫 수업 공개의 실패는 나에게 실망감을 주었지만 다른 한편으로는 자존심 회복을 위한 투지도 불러일으켰다. 이듬해 6학년을 연이어 담임하면서 학년 대표 수업과 임상장학 준비에 세심한 준비를 한 것도 그런 이유였다. 그러나 열심히 노력한 만큼 수업에 자신을 얻은 것은 아니었다. 그냥 평범하고 늘 아쉬움이 남는 수업이었다. 이런 경험들은 다음 학교로 이동하면서 학년 대표 수업은 절대 하지 말자는 생각을 하게 되었고, 그렇게 학교생활에 지칠 무렵 육아 휴직을 하였다.

그런데 복직을 하면서 뜻하지 않게 수업 공개를 할 기회가 많아졌다. 동학년 분위기가 너무 좋았고 수학, 과학 수업의 전문가인 멘토 두 분을 만난 덕분이다. 우리 학년은 동교과 수업대회에 참여하기로 하고, 과학 교과 수업 방법을 함께 연구하며 많은 성장을 할 수 있었다. 수업 공개는 '산과 염기' 단원의 '산과 금속의 반응'을 실험하는 수업이었다. 40분이 언제 끝났나 싶게 수업이 흘러갔다. 나는 수업을 마치고 마치 무슨 큰일을 한 사람처럼 내 안에서 퍼져 나오는 감동을 음미했다. 수업을 예술에 비유하는 이유가 감동을 느끼기 때문일까? 아무튼 감동과 성공감을 경험한 나의 첫 수업이었다. 아이들은 나의 말에 주의를 기울여 주었고 실험 계획부터 결과 정리에 이르기까지 탐구 활동에 즐겁게 참여하였다.

그 이후 수업을 참관한 두 분 선배 교사로부터 수업연구대회에 나가 보라는 권유를 받았다. 잠시 주저하였으나 과감한 도전을 하기로 하였다. 수업연구대회에 나가는 것을 승진을 하려는 교사로 동일시하는 주변의 인식 때문에 7년 이하의 저경력 교사인 나로서는 주변의 시선을 의식할 수밖에 없었다. 교사로서의 정체성을 수업에서 찾겠다면 이상하게 볼 것이 뻔했다. 그러나 동학년과 과학과 수업 방법을 연구하면서 아이들을 수업에 참여시키는 방법과 감동을 맛본 이상 도전 쪽으로 마음이 더 기울었다.

나는 10개 교과목 중 사회과를 선택하였다. 사회과는 교육대학교에서 전공 과목이기도 하였고 사회과 탐구 활동은 다른 교과 수업에도 전이가 쉬운 과목이었다. 수업연구대회에 나갈 것을 권유한 선배 멘토 교사 두 분을 차례로 교실에 초대하고 나의 평소 수업을 보여드렸다. 그리고 공개적인 수업협의회에서는 결코 듣기 어려운 이런저런 조언들을 듣고 배울 수 있었다.

"수업을 진행하는 말이 너무 빠르고 목소리 톤이 높다."

"학습장이 없는데 학습 과정을 아이들이 체계적으로 기록하도록 하면 좋겠다."

"교사가 아이들 발표할 때 칠판에 기대어 서서 듣는 태도는 바람직하지 않다. 아이들의 발표를 들으며 고개로 끄덕여주거나, 격려의 말 등으로 아이들과 좀 더 가까이에서 반응하면 좋겠다. 그리고 칠판 앞에만 서지지 말고 교실 옆이나 뒤에서도 수업을 진행하면 좋겠다."

"아이들의 발표, 질문, 보충 등 손가락 신호 약속을 정하면 발표를 하지 않는 아이들도 질문, 보충 등 손가락 신호로 수업에 참여하여 상호작용이 활발하게 일어날 수 있다."

"40분 수업을 보고는 수업 모습을 알 수 없으니 평소 교실 정리 정돈을 청결히 하고 모든 교과의 학습 결과물을 버리지 말고 학습 결과물로 교실 환경을 구성하라."

"모둠 토의 시 골고루 역할을 부여하고 토의 말본을 제공하여 아이들이 토의에 적극 참여하도록 지도해야 한다."

이러한 충고는 나의 교수 언어와 행동 교정에 많은 도움이 되었다. 사실 교사의 말과 행동, 교육관 등 잠재적 교육과정이 아이들에게 미치는 영향을 고려한다면 이런 행동 교정은 매우 중요한 부분이다. 두 분을 나의 수업에 초대하는 것은 쉽지 않은 결정이었으나 수업자에 대한 배려 차원에서 듣기 싫은 말을 하지 않는 교사들의 문화를 알기에 용기를 내었다. 교실 개방은 나도 모르는 내 모습의 단점을 발견하는 데 큰 도움이 되었다.

그때부터 나는 수업을 진행하는 나의 말과 행동, 표정 등에 대해 자기 성찰을 하였다. 칠판에 비스듬히 기대어 지휘봉을 들고 수업을 하는 권위적인 내 모습을 나는 알지 못했다. 발문이나 목소리 억양이 어떤지, 아이들 발표에 내가 어떻게 반응하는지 등의 확인이 필요했다. 그때는 수업 촬영 기자재가 없었다. 학급마다 주어진 녹음기가 전부였다. 사회 시간마다 카세트 테이프로 내 수업을 녹음하고, 하교 후 빈 교실에서 녹음 테이프를 재생하며 교수 언어와 행동을 확인하여 나갔다.

내가 들어도 높은 목소리, 빠른 어조, 질문 후 답변을 기다리는 시간 부족, 학생 간 상호작용 횟수보다 교사와 학생들의 상호작용 횟수가 더 많다는 것을 알 수 있었다. 나는 교수 언어와 행동 교정을 위하여 아이들이 없는 빈 교실에서 1인 2역의 연습을 하였다. 교사가 되어 질문을 하고 아이가 되어 대답을 하는 1인 2역의 질문과 응답 연습을 하였다. 질문 후 질문의 수준에 따라 일정 시간을 기다리고 발표자를 지명하는 연습도 하였다.

그 밖에도 발표하는 아이에게 시선 보내기, 발표 듣고 반응보이기, 칭찬과 격려의 말하기, 웃어주기, 목소리의 강약과 고저 살리기 등 교사의 비언어적 표현 방법도 반복 연습하였다. 그리고 수업 시간에 이것을 의식적으로 실천하면서 주의를 기울였다. 아이들에게도 발표자에게 시선을 향하도록 하고 메모하며 듣기, 듣고 질문하기, 모둠에서의 토의 참여 방법과 역할을 지도하여 나갔다.

한 달 정도 녹음 자료를 들으면서 의식적으로 노력하다 보니 5월이 되어 우리반 아이들 수업 태도가 몰라보게 달라졌고, 녹음은 그만두어도 될 만큼 나의 교수 언어와 행동이 교정되었다. 특히 아이들의 발표 내용을 듣고 습관적으로 아이들 발표 내용을 되풀이하며 반복하는 버릇을 교정한 것은 아이들의 경청하는 태도와 주의력을 높이는 데 큰 도움이 되었다.

교사 백두산의 자연환경은 어떤 모습인가요?

학생 산이 높고 추워서 봄에도 눈이 있어요.

교사 네, ○○는 백두산은 산이 높고 추워서 봄에도 눈이 있다고 말하네요. (되풀이) 또 다른 의견은 없나요?

나는 그 이후로 더 이상 아이들 발표 내용을 되풀이하지 않게 되었다. 대신 발표 내용을 잘 경청하고 틀리거나 이해가 안 되는 부분은 아이들끼리 서로 질문하고 가르치도록 하는 상호작용을 늘려 갔다. 또한 서서 수업을 하다 다리가 아파서 칠판에 기대고 싶은 순간이 있을 때는 눈높이 의자에 앉아 진행하거나 교실의 앞, 옆, 뒤로 교사의 위치를 옮겨가며 수업을 진행하였다. 나는 항상 발표하는 아이의 눈을 바라보며 경청하고, 발표자와 듣는 아이들이 상호작용하도록 도왔다. 그러다 보니 아이들의 눈과 귀는 늘 나와 발표자를 따라다니고 있었다.

  이와 같은 교사의 말과 행동 등을 통한 잠재적 교육과정은 아이들의 학습 참여를 높이는 데 매우 중요한 요소임을 경험하게 되었다. 또한 학습장 정리는 차시마다 한 쪽씩 쓰는 것을 원칙으로, 공부한 날짜, 학습목표를 제일 위 첫 줄에 반드시 쓰고, 오늘 학습한 내용이나 알게 된 점은 글, 그림, 마인드맵, 표, 핵심 단어 등의 방법으로 공책에 기록하여 학습 참여 과정을 한눈에 볼 수 있는 포트폴리오가 되도록 하였다.

  아이들의 기본 학습 훈련과 나의 교수 언어와 행동이 교정되어갈 무렵인 1995년 6월, 우리반은 학년 대표 수업 공개를 하게 되었다. 마치 무슨 공연을 앞둔 사람처럼 긴장되었다. 수업 공개 제재는 '백두산의 자연환경과 생활모습'이었다. 지금과 같은 화려한 교구는 없었지만 탄탄한 기본학습 훈련과 모둠 토의학습만으로도 우리는 공부 시간이 즐거웠다. 아이들은 백두산 천지 호수와 높은 구릉지 전경을 비디오 영상으로 보고 높은 산으로 둘러싸인 환경에서 생활하는 사람들의 불편한 점과 그런 환경을 이용하여 생활하는 모습을 잘 탐구하여 나갔다.

나와 아이들은 하나가 되어 서로의 말에 주의를 기울이며 상호작용을 해나갔다. 나는 환히 웃고 있었고 스스로 성공적인 수업임을 느끼고 있었다. 수업이 끝나고 선생님들로부터 아이들의 학습 훈련 비결을 묻는 질문이 쏟아졌다. 나는 또 한 번 좋은 수업에서 오는 감동을 음미하였다.

그러나 기본 학습 훈련이 잘되어 있다고 수업이 늘 성공하지는 않았다. 3주가 지난 뒤 수업연구대회 심사를 받을 때의 수업 분위기는 정반대였다. 설악산 국립공원을 제재로 국립공원을 보호해야 하는 까닭을 탐구하는 수업이었다.

국립공원을 여행해 본 경험이 없는 아이들의 실태를 고려하지 못한 채 기본 학습 훈련만 믿고 자료 조사와 토의학습을 하려고 한 나의 무지함이 화를 자초하였다. 아이들 경험 및 흥미와 동떨어진 제재의 선택, 보여주기 위한 수업에 대한 지나친 욕심, 지난번 수업 성공에 기대어 아이들을 믿은 실수, 국립공원 이용에 대한 자료 제시의 부족 등 수업을 하면서 이번 수업은 실패구나 하는 생각을 하였다.

아이들도 낯선 손님이 지켜보며 심사하는 것을 알고 긴장하여 거의 발표를 하지 않아서 수업 진행에 진땀을 흘렸다. 교직 경력 7년에 신규 때와 똑같은 수업 실패를 경험하면서 학습자 요구를 고려한 수업 설계의 중요성을 뼈저리게 인식하게 되었다.

많은 교사들이 수업연구대회를 나가야만 진정한 수업 연구냐고 지금도 질문하고 있다. 당연히 아니다. 그러나 수업 중심 학교문화가 아닌 상황 속에서 연구하기를 즐기는 사람이 아닌 이상 뭔가 도전 과제를 정해두지 않으면 수업 연구의 열정이 식어가는 것을 지켜보는 것이 더 두렵게 느껴진다. 과학 수업을 연구한 5학년에서는 동학년이 뭉쳤지만 다음 4학년은 학년 대표 수업만 해결되면 자기 반 외에는 관심을 두지 않는 학년이었다. 사회과를 중심으로 동교과 수업 연구를 하자고 제안하였으나 이런저런 이유로 모두 거절하였다. 우리나라 학교문화는 동료 교사에게 피해주지 않으면서, 교실 고립주의를 선택하는 교사가 더 많기 때문에 함께 수업 연구를 지속하는 일은 결코 쉽지 않다.

나는 이듬해 1학년을 담임하면서 바른생활 교과로 수업연구대회를 다시 신청하였다. 학교생활 영역 '친구와 사이좋게 지내기' 수업을 준비하였다. 신규 교사 때의 실패를 거울삼아 지도한 덕분에 1학년 아이들이라 믿어지지 않을 정도로 역할놀이를 잘하였고 친구들과 사이좋게 지내기 위한 실천 계획도 잘 세웠다. 30분 만에 끝난 저학년 수업 트라우마도 이제 극복하였다. 결과는 예선 탈락이었지만 정말 많이 배웠다. 후배 교사 한 사람이 내게 한 말이 지금도 기억난다.

"선배님, 수업연구대회에 나가서, 본선은 가보지도 못하고 예선에서 두 번이나 떨어져 안 부끄러우십니까?"

나는 정말 크게 웃었다. 괜찮다고 말하였으나 믿지 않는 눈치였다. 평소 수업 시간에 아이들이 즐겁게 학습에 참여하는 모습을 보면 그런 것은 중요하지 않았다. 아이들과 학부모님들이 우리반이 된 것을 좋아하는 모습, 교사로서의 자긍심과 학교생활에 대한 만족감, 동료 교사에게 내가 수업으로 나눌 이야기가 있다는 것만으로도 내가 수업 연구를 계속 해야 하는 이유는 충분했다. 그렇게 나는 두 번째 학교에서도 매년 수업 연구와 공개를 계속 실천하였다.

그 이후에도 나는 수업연구대회와 관계없이 자기 장학을 꾸준히 실천하였다. 교육월보, 장학 자료, 학회지 등에 소개된 교수·학습 방법, 교과별 수업모형 등 수업에 도움이 될 만한 자료들을 읽고 적용하면서 각종 연수에도 적극 참여하였다. 우수한 교사들의 수업을 참관하고 모방하는 활동은 특히 많은 도움이 되었다. 이 중에서 가장 잊을 수 없는 것은 동학년 K 선생님과의 수업 나눔이었다. 우리는 2년간 동학년을 하면서 교과 전담 시간이면 서로의 교실에 가서 수업을 참관하였다. 학습 자료를 같이 만들고 수업도 함께 설계하였다. 나의 수업을 촬영하여 비디오 테이프에 옮겨 주기도 하는 등 그때의 인연으로 우리는 지금도 수업 중심 학교문화와 교사 성장 지원 방법을 함께 고민하고 있다.

미국의 교육학자 하그리브스는 21세기 교사에게 필요한 전문성의 요소로 "자신이 배우지 않았던 방식으로 가르치는 방법을 배우는 것"을 꼽았다.[21] 남을 가르친다는 것은 곧 끊임없이 배운다는 말일 것이다. 그동안 연구된 우수한 수업 이론과 사례 자료들은 보고서나 책으로 무수히 남아 있다. 그러나 '구슬이 서 말이라도 꿰어야 보배'라는 속담처럼, 교사들이 실천해 보지 않으면 가르치는 방법을 배우기 어렵다. 이것이 바로 교사들의 전문성을 실천적 전문성이라 부르는 이유이다.

이런 의미에서 생각해 볼 때 수업 성장을 위한 실천 과정은 나의 39년 교직 생애에서 가장 의미 있는 선택이었다고 생각한다.

---

21) 이혁규(2018), 『행복한 교육』, 「이 시대가 요구하는 교사상」, 교육부, 2018년 5월호.

개미은행 프로젝트

　나의 두 번째 인생 수업 사례는 경제 교육 수업이다. 1997년 IMF 경제 위기를 맞이하여 세 번째 학교로 이동을 하였다. 신흥 아파트 지역으로 사교육과 학부모의 교육 열의가 매우 높은 학교였다. 이 학교에서는 사회과와 경제 교육 수업 공개를 아마도 15회는 한 듯하다. 수업 연구교사, 경제 교육 연구학교, 교내 학년 대표 수업, 외부 요청 수업 공개 등 다양한 목적으로 수업을 공개하게 되었다. 젊은 교사들 중에는 좋은 수업을 배우고자 하는 열정이 많은 교사들이 서로의 수업을 공유하며 성장하기 좋은 학교였다.

　안타깝게도 이 시기는 IMF 경제 위기로 우리나라가 매우 힘든 시기였다. 금 모으기를 비롯하여 사회 각지에서 경제 살리기 운동을 전개하여 우리나라는 일찍 경제 위기를 극복할 수 있었다. 학교에서 가르치는 내용도 사회적 요구를 반영하여 자연스럽게 근검절약, 경제 교육을 강조하였다. 전국적으로 폐휴지 모으기, 근검절약, 아나바다 운동이 전개되었다. 우리 학교는 경제 교육 연구학교로 6차 교육과정의 학교 재량시간 34시간을 활용하여 학급마다 특색 있는 경제 교육을 하게 되었다.

5월 어느 날 아침 독서 시간, 연구 부장이 경제 교육 수업을 공개할 수 있는 학급을 찾아서 급히 우리 교실로 올라왔다. 대구 MBC TV 방송국으로부터 경제 교육 수업 취재 요청이 들어와서 교육청에서 연구학교로 취재팀을 보내니 협조해 달라는 것이었다. 방송국 카메라 앞에서 갑자기 수업을 공개하는 것이 쉬운 일이 아니다 보니 선뜻 나서는 사람이 없어 학교에서는 걱정이 되었던 것이다.

연구학교 운영 방침에 따라 우리반은 '용돈 아껴 쓰고 저축하기'를 학급 실천 과제로 정하여 매주 1시간의 경제 교육 수업을 하고 토요일마다 개미은행을 운영하고 있었다. 마침 그날은 토요일이라 경제 교육 수업이 있는 날이었다. 학부모 자원 인사를 활용하여 가계부를 보며 한 달 동안의 가계 지출에 대한 이야기를 듣고 용돈 사용 습관을 돌아보기로 수업이 계획되어 있었고, 학부모님께도 며칠 전부터 수업에 필요한 준비물과 역할을 사전에 부탁해 두었다. 아이들과 학부모님 모두 기쁜 마음으로 촬영에 동의하여 계획한 대로 수업을 하게 되었다.

학습목표는 '현명한 소비 방법을 알고 실천하는 태도를 기른다.'이고, 수업 자료는 '똑똑한 소비' 공익 광고와 가계부, 용돈 기입장, 학부모 자원 인사였다. 먼저 도입 부분은 아이들에게 공익광고협의회 한국방송공사의

'똑똑한 소비' 공익 광고를 제시하였다.

- 차비? 걸어 다녀. 전화? 쓰지 마. 약? 아파도 참아. 신문? 보지 마.
- TV? 꺼. 옷? 벗고 살아. 줄여, 줄여. 밥도 굶어.
- 물도 마시지 마. 줄여야 해.
- 불 좀 꺼. 숨도 쉬지 마.
- 무조건 줄인다고 경제가 사나요? 똑똑하게 줄여야죠.
- 맞아. 내가 똑똑해야 경제를 살리지.
- 이제부터 백원을 천 원처럼 쓴다.

IMF시대를 산 사람들은 개그맨 이경실이 허리띠를 졸라매고 숨막혀하는 모습의 '똑똑한 소비' 공익 광고를 기억할 것이다. 동기유발에 좋은 자료로 생각하고 활용하였다. 우리는 광고를 보고 어떻게 하는 것이 백 원을 천 원처럼 쓰는 것인지 이야기를 나누고 본 수업으로 들어갔다.

가계부를 꾸준히 쓰고 계시는 학부모님을 모시고 한 달 동안 가계부 지출 내역과 힘든 점이 무엇인지를 들어 보았다. 그리고 자녀들이 용돈을 어떻게 사용하면 좋겠는지 부모님의 입장을 들어보는 시간을 가졌다. 그리고 학부모님께서 인라인스케이트를 사달라고 조르는 자녀에게 쓴 편지 낭독을 듣고 아이들과 대화하는 흐름으로 수업을 하였다.

어머니께서는 아버지 월급으로 학원비, 아파트 관리비, 식비, 남편과 자녀 용돈, 자동차 할부금 등 고정적으로 지출해야 하는 돈을 제외하면 저축액이 너무 적어서 미래가 걱정된다면서, 옷을 사입고 싶어도 마이너스 통장을 쓸 수밖에 없는 상황을 가계부 지출 사례를 들어가며 이야기 해주었다. 막연히 아끼라는 것보다 가계 수입의 한계와 지출 우선 순위를 들으면서 아이들은 생각이 많이 달라졌다. 그 당시 아이들에게 인라인스케이트가 유행이었는데 3만 원이면 비싼 것이었다. 마지막으로 인라인스케이트를 사주지 않았던 이유를 적은 어머니의 편지 낭독을 들으면서 눈물을 훔치는 아이도 있었다.

어머니 이야기를 듣고 감동을 받은 아이들은 현명한 소비생활을 하겠다는 실천 의지를 다진 후 개미은행에 자신의 용돈 저축 계획을 소개하고 수업을 마무리했다. 나에게 감동이 있는 수업은 늘 예술이다. 그날 더 재미있었던 것은 담당 PD와 촬영 기사가 그만 수업에 흠뻑 빠져들었다는 사실이다. 예정된 촬영 시간보다 10분을 넘겨 수업을 끝까지 촬영하였고 개미은행에 대한 학부모, 학생 인터뷰까지 이어졌다. 그 다음 주 우리반은 방송을 보고 정말 놀랐다. 30초용 반짝 출연이 아니라 MBC TV 시사 르포에 수업 모습과 인터뷰 내용이 20분 동안 방송되었던 것이다. 우리반 아이들은 모두 잊지 못할 추억을 하나 만들 수 있었다.

나는 아이들을 가르치면서 나의 교육관도 계속 달라지고 있다는 사실을 알게 된다. 초기에는 수업 기술과 재미가 중요했다면 이때부터는 수업 내용이 아이들 행동 변화로 이어지는 인성 교육을 더 중요하게 생각하게 되었다. 직접 우체국에 가서 500원짜리 예금 통장을 개별로 만들어 주고 개미은행 프로젝트를 시작한 것도 바로 이런 이유이다.

개미은행은 자신의 용돈과 집안일 돕기를 할 때마다 부모님께 200원 정도의 용돈을 받고 모은 돈을 매주 토요일 아침마다 저축하는 것으로, 근면함의 의미를 담아 개미은행이라 이름 지었다. 학부모님과의 경제 교육 수업 후 개미은행에 자신의 용돈 저축 계획을 세운 아이들은 용돈을 더 저축하기 위해 집안일 돕기를 늘려갔으며 개미은행은 더 활기를 띠게 되었다.

교실에 개미은행을 시작한 이유는 지난해 우리반 경제 교육 실천 과제인 '용돈 아껴 쓰고 저축하기'에 60% 정도밖에 참여하지 않았기 때문이다. 대부분 학원, 과외 등으로 은행에 갈 시간이 부족하여 부모님이 대신 아이들 용돈을 은행에 가서 저축하여 부모님 숙제가 되어버린 것이다. 그래서 올해는 용돈 절약 습관화를 위해 월 1회에서 주 1회로 저축 횟수를 늘리고 번개시장처럼 매주 토요일마다 교실에 개미은행을 열어 수합한 돈과 예금 통장을 내가 퇴근길에 우체국에 가서 부모님 대신 저축을 해주는 것이다. 1990년대 후반은, 주5일 수업제 전이라 토요일 1시 이후에도 은행이 문을 열었고, 매월 1회 은행 직원이 학교에 와서 전교생의 저축을 모아가던 시기여서 우리반만 별도로 개미은행을 운영하는 것이 가능했다.

처음에는 내가 아이들이 가져온 돈과 통장을 모으고 정리하였다. 몇 번 하다 보니 아이들이 학급회의 시간에 선생님이 바쁘니 은행원을 선발하고 우리반 개미은행 마크도 만들자는 고마운 제안을 하였다. 우리는 은행원 3명을 뽑고 마크가 들어간 이름표도 만들었다. 개미은행원들은 매주 토요일마다 아이들의 용돈을 수합하고 학급 명부에 저축액을 기록하고 정리하여 나에게 주면 나는 퇴근길에 우체국에 가서 저축을 하고 월요일은 아이들에게 예금된 통장을 나누어 주었다. 그리고 은행원들은 저축액 수합이 끝나면 '이번 주의 저축액'을 교실 뒤 개미은행 게시판에 적어 모두가 저축액을 확인하고 서로를 격려할 수 있도록 했다. 용돈과 집안일 돕기로 모은 저축액이 통장에 매주 찍혀 나오는 것을 보면서 우리반의 모든 아이들이 개미은행 저축에 참여하게 된 것이다.

이렇게 시작한 개미은행에 250만원이 모였다. 지금 물가에 비하여 27년 전 250만원은 큰 금액이었다. 그리고 예금 통장을 주제로 한 체신부 주관 전국글쓰기대회에서 3명이 입상하여 메달 및 상장과 부상을 받았다. IMF의 위기를 이겨내기 위한 경제 교육을 체험으로 배우고 익힌 1년이었다.

이와 같은 절약 습관은 다른 생활에도 변화를 주었다. 교실에 비치해 둔 이면지 쓰기를 당연하게 생각하고, 공책을 찢는 아이들이 줄어들었으며, 몽당연필 끼워 쓰기, 잔반 남기지 않기, 분리수거 잘하기, 폐품 수집 잘하기 등으로 절약 생활을 실천해 나갔다. 무엇보다 용돈을 좀 더 벌기 위해 집안일 돕기를 실천하면서 자기 일을 스스로 하는 습관 형성은 가장 큰 교육적 성과였다.

그때 김치 주제가를 개사하여 만든 우리반 절약 노래는 MBC 시사르포 마지막에 학교 전경을 배경으로 잔잔하게 울려퍼졌다. 우리는 경제 교육 시간마다 이 노래를 부르며 수업을 시작하였고 IMF가 빨리 끝나길 기도하였었다. 1년간 부르다 보니 지금도 개사한 노래 일부가 귓가에 맴돈다.

이것은 지금 교육과정의 관점에서 보더라도 삶과 배움이 연계된 멋진 수업이었다.

- IMF 시대가 왔다고 모두들 웅크리지만 (기운 없어!)
- 우리가 할 수 있는 경제 살리기 바로 이런 것이야. (이것이야!)
- 나의 작은 실천이 정말 중요해.
- 쓰던 물건 사랑해줘요... (사랑해줘!)

수업모형 중심 수업에 대한 성찰

　수업의 성공과 실패 경험은 교사의 성장을 돕는 중요한 요소이다. 성공과 실패를 거듭하면서 수업 역량도 조금씩 성장하고 참관자를 별로 의식하지 않는 담력도 생겨나게 된다. 수업 연구에 대한 끈을 놓지 않고 자기 장학을 계속해 오던 나는 세 번째 학교에서도 수업연구대회 신청을 하였다. 경력도 10년 차로 접어들었다. 이 학교는 수업연구대회에 도전하는 교사들이 많아서 서로 배울 점이 많았고 무엇보다 눈치보지 않아서 너무 좋았다.

　그리고 이번에는 수업연구대회 심사 기준에 맞게 수업모형을 중심으로 학습 과정을 보다 체계화하는 노력을 기울이게 되었다. 지난번 수업연구대회에서 겪은 두 번의 예선 탈락은 교직 경력이 짧은 탓도 있었지만, 수업만 잘하면 된다는 생각으로 수업모형이나 심사 기준에 소홀히 대비한 것도 원인이었다.

　수업모형은 교과의 목표를 효과적으로 달성할 수 있도록 교수·학습의 절차, 전략, 활동, 기법 등을 단순화하여 나타낸 틀이다. 교수·학습 활동을 한눈에 볼 수 있는 건물의 설계도와 같은 역할을 하는 것이다. 이러한 수업모형을 적용하면 짜임새 있는 설계와 운영으로 교수·학습의 효율성을 높일 뿐 아니라 지식과 기능을 얻는 방법 습득에도 효과적이라는 연구 결과에 기인하여 교과별 수업모형을 매우 중요하게 생각하였다. 이와 같은 수업모형을 오늘날 교사용 지도서에는 학습모형으로 나타내고 있다.

사회과는 '민주시민의 자질 기르기'라는 교과 목표 달성을 위하여 문제해결학습, 탐구학습, 의사결정학습, 개념학습, 협동학습 등의 수업모형이 주로 적용되고 있다. 문제해결학습을 예로 들면 문제 파악－탐색－정보 수집－문제 해결－정리 및 적용의 단계와 각 단계마다 적절한 교수·학습 전략이 있다. 사회과뿐만 아니라 다른 교과목에도 이와 같은 수업모형과 단계별 교수·학습 전략이 세분화되어 있다.

이러한 수업모형은 교과마다 다양하게 5~10개 정도 있으며 이것을 모두 더하면 수십 개가 넘는다. 사회과의 경우 7개의 수업모형이 있는데, 그중 탐구수업 모형만 하여도 Massialas와 Cox의 탐구수업 모형 외 6가지가 교사용 지도서에 제시되어 있다. 여러 교과를 지도해야 하는 초등학교 교사의 경우 이러한 수업모형의 특징과 활용의 장단점을 이해하고 수업을 설계하는 데 한계가 있을 수밖에 없다. 따라서 대부분의 교사들은 수업모형 중심 수업은 수업 공개 등 격식을 갖춘 수업에 주로 사용하고 평소에는 적용하지 않았다. 이것은 지금도 마찬가지다.

아무튼 그 시절에는 수업 장학마다 수업모형 중심 수업을 매우 강조하여 교사들은 40분 한 차시 동안 해당 수업모형의 본질이 훼손되지 않도록 설계해야 했다. 동시에 학습자들이 탐구 과정에 따라 의미 있는 학습이 일어나도록 교수·학습 전략을 설계해야 훌륭한 수업을 하는 교사라는 평가를 받았다.

그 당시 초등학교 교사들의 필독서인 『수업 장학을 위한 100문 100답』에는 수업모형 중심으로 수업을 해야 하는 이유가 잘 드러나 있다.[22]

[문 67] 수업모형에 따라 수업을 하는 이유는?

수업모형은 학습 내용의 특성에 따라 아동들이 활동하게 되는 이상적인 과정을 단계로 설정해 둔 것입니다. 수업모형에 따라 수업을 하면 단위 시간 학습목표에 도달시키는 것뿐만 아니라 교육의 상위 목표인 정의적인 목표에 도달시킬 수 있는 이점이 있습니다. 또한 학생들로 보아서는 지식, 기능 자체를 배우는 것보다 지식이나 기능을 얻는 방법을 경험하게 되므로 더욱 큰 소득을 얻을 수 있습니다. 그것은 바로 고기를 양식으로 주는 것이 아니라 고기 잡는 방법을 가르쳐 주는 효과와 같습니다.

나는 심사 관점, 수업모형을 고려하여 사회과에서 창의적인 수업을 해보겠다는 의지로 열심히 연구하였다. 문제해결학습 모형을 적용하여 문제 파악(5분) → 문제 추구(5분) → 문제 해결(20분) → 정리(5분) → 적용

---

22) 김대수(1995), 『수업 장학을 위한 100문 100답』, 우신출판사, p.78에서 인용함.

(5분)의 흐름으로 단계별 시간을 배분하고 40분 안에 의미 있는 교수·학습 활동 전략을 고민하였다.

연구 과정에서 시간의 부족함을 항상 느꼈지만 학자들이 연구한 수업모형을 의심해 본 적은 없었다. 그 당시 사회과 수업 연구교사들의 수업을 참관해 보면, 수업모형에 충실하면서도 40분 안에 아이들이 문제 해결을 아주 잘했기 때문에 안 되는 것은 나의 무능함으로 생각할 수밖에 없었다.

결국 40분 동안 수업모형 중심 수업을 위해 아이들과 나를 맞추어 넣는 방법을 터득한 끝에 드디어 사회과 수업 연구교사가 되었다. 그리고 다음해 연구교사 수업 능력을 공유하는 대외 수업 공개에서 150명의 교사들이 참관한 가운데 65분 동안 수업을 하는 보기 드문 공개를 하고 마쳤다. 40분이 지난 수업은 실패한 수업이라 생각했으니 따가운 시선을 감당해야 했다.

그리고 4년 후 이동한 학교는 교육 실습생을 지도하는 학교여서 수업모형 중심 수업 공개 기회는 더 많아졌다. 수업을 설계하다가 문득 나는 기존 지도안에서 본시 학습목표와 활동1, 활동2의 내용을 조금만 수정하면 지도안이 쉽게 완성된다는 것을 발견했다. 내가 매너리즘에 빠진 것인지 수업모형이 매너리즘에 빠지게 하는 것인지를 정확히 알 수 없으나 뭔가 문제가 있었다. 40분 동안의 수업모형 중심 수업으로 탐구 과정과 유의미한 학습 2가지 요건을 모두 충족시킬 수 있다는 주장을 의심하기 시작한 것이다.

그러던 어느 날 수업모형 중심 수업에 대한 성찰의 기회가 왔다. 2002년은 7차 교육과정이 전 학년으로 본격 적용되면서 교사들이 매우 힘든 시기였다. 지금까지 본 적 없는 학생 개인차를 고려한 수준별 교육과정을 교실에서 운영해야 했기 때문이었다. 그해 12월, 수준별 교육과정 적용 방법을 모색하기 위해 남부교육지원청에서 워크숍을 개최하면서 또 수업 공개 요청이 들어왔다. 겨울방학을 일주일 앞둔 어수선한 분위기에서 지도할 내용도 얼마 남지 않은 상태였지만 거절할 수가 없었다.

(2) 국민 공통 기본 교과 중 다음의 교과는 수준별 교육과정을 편성·운영한다.

(가) 수학 교과는 1학년부터 10학년까지 10단계, 영어 교과는 7학년부터 10학년까지 4단계를 두고, 각 단계별로 학기를 단위로 하는 2개의 하위 단계를 설정하여 단계형 수준별 교육과정을 운영한다.

(나) 국어 교과는 1학년부터 10학년까지, 사회와 과학 교과는 3학년부터 10학년까지, 영어 교과는 3학년부터 6학년까지 심화·보충형 수준별 교육과정을 운영한다.

나는 워크숍 참석 교사들과 이론과실천연구회 교육대학교 교수님을 모시고 7차 교육과정 사회과 심화·보충형 수준별 수업을 공개하게 되었다. 3학년 2학기 3단원 8/14차시, ① '깨끗한 거리, 정다운 이웃'을 제재로, 문제해결학습 모형에 맞추어 교수·학습 활동을 설계하였다. 심화·보충형 교육과정 적용을 위해 6개 모둠 중 1개 모둠은 하위 수준끼리 구성하고 개별 지도하기 좋도록 교사 앞자리에 배치하였다. 하위 모둠은 우리 고장 문제점을 한 가지만 찾고 해결 방법은 교사의 도움을 받아서 하도록 보충형 학습 과제를 준비하였다. 기본학습을 끝낸 심화학습은 다른 고장의 살기 좋은 마을 만들기 신문 기사를 읽고 본받을 점을 찾는 활동을 하도록 준비하였다. 그리고 시간 부족을 염려하여 40분이 아닌 50분으로 수업을 설계하였다.

수업을 위한 사전 준비로 부모님, 아파트 경비 아저씨와 인터뷰하기, 동네 둘러보고 사진 찍기, 부모님과 반상회 참여해 보기 등을 통해 우리 동네의 깨끗한 곳, 미담, 문제점 등에 대한 사례 자료를 미리 수집해 오도록 일주일 전에 안내하여 두었다. 그리고 수업 공개가 시작되었다.

문제 파악 단계에서는 자료 수집을 하면서 둘러본 우리 동네의 좋은 점과 문제점에 대한 이야기를 3명 정도 발표를 듣고 오늘 공부할 학습문제를 예측하는 활동을 하였다. 그리고 아이들의 학습문제 발표 내용과 상관없이 지도안에 설계한 대로 '깨끗한 고장을 만들기 위해 우리가 실천할 일을 알아보자'라는 학습문제를 칠판에 판서하고 다 같이 따라 읽게 하였다. 문제 파악 단계는 5분을 배정하여 학습문제 확인 후 수준별 활동 과제까지 안내해야 하기 때문에 다 함께 읽고 다음 단계로 넘어갈 수밖에 없었다.

문제 추구 단계는 학습문제 해결을 위한 계획을 수립하는 단계로 5분을 배분하였다. 그 당시 일요일 밤 6시에 방송하는 '박수홍의 꿈은 이루어진다'라는 TV 프로그램이 있었다. 삭막한 아파트 주민이 이웃 간의 벽을

허물고 어려운 이웃을 돕는 미담 프로그램이다. 우리는 녹화한 영상 자료를 보면서 TV에 소개된 마을의 본받을 점을 찾아 발표하고 수집해 온 자료를 보며 우리 고장의 문제점도 발표했다. 나는 4단지 주차 문제, 7단지 놀이터 쓰레기, 4단지 음식물 쓰레기, 공중전화 안 낙서, 6단지 아파트 게시판 등 아이들의 발표 내용을 칠판에 받아 적었다.

 이어서 똑같은 우리 동네 그림지도 2장을 칠판에 붙이고 1번 지도에는 깨끗한 곳 사진, 2번 지도에는 더러운 곳 사진을 붙이게 한 결과 깨끗한 곳은 3곳, 더러운 곳은 훨씬 더 많다는 것을 알 수 있었다. 나는 다시 한 번 오늘 학습목표인 '깨끗한 고장을 만들기 위해 우리가 실천할 일을 알아보자'를 읽게 하였다. 그리고 2번 그림지도의 더러운 곳 중에서, 모둠별로 한 곳씩 정하여 문제 해결 방법을 찾도록 유도하였다. 그러자 문제점이 나타났다. 아이들이 사전 수집해 온 자료의 장소가 모두 다르다 보니 2번 그림지도의 더러운 장소 한 곳을 모둠에서 정하는 데 어려움이 있었다. 나는 모둠별로 다니면서 한 곳을 정하도록 돕고 서둘러 심화·보충 과제까지 안내하고 보니 계획된 5분을 넘어 10분이 소요되고 말았다.

 문제 해결 단계에서는 모둠에서 정한 장소별로 문제 해결 방법 아이디어를 발표하는 단계이다. 토의와 발표에 25분을 배분하였으나 15분이 지나도 모둠 토의가 끝나지 않았고 발표할 생각을 하지 않았다. 1분만 더 주겠으니 발표 준비를 하라고 말하였다. 1분이 지나도 시간이 부족하여 다 못한 모둠도 주의 집중 박수를 치고 발표를 시작하였다.

 아이들은 쓰레기 문제를 위해 몰래카메라 설치하기, 전봇대의 쓰레기를 우리가 청소하고 경찰서에 사진 찍어 보내기, 분리수거 경고장 만들어 붙이기, 아파트 알림판에 알리기 등의 모둠별 다양한 해결책을 제시하였다. 나는 문제 해결 아이디어를 칠판에 판서하며 수업을 진행하였다. 우리가 찾은 해결 방법이 실천 가능한가에 대한 질의응답도 활발하였다. 교사 주도의 학습목표 제시와 문제 해결 계획 수립에도 불구하고 참여가 활발한 것은 평소 기본 학습 훈련이 잘 되어 있기 때문이었다. 계획된 25분을 넘어 30분이 지나서 정리 단계로 넘어갔다.

 마지막 정리 및 적용 단계는 우리 고장의 문제점을 해결하기 위해 나의 실천 계획을 세우는 활동으로 5분 정도 설계하였다. 그러나 문제 해결 단계의 시간 부족으로 정리 단계도 계획대로 하지 못하였다. 1분 정도 우리 고장의 깨끗해진 모습을 상상하고 내가 우리 동네를 위해 실천할 일을 발표하는 것으로 대신하였다.

 차시 예고도 설계에 있었지만 의례적으로 안내하고 수업을 마무리하였다. 50분 수업 설계에도 불구하고 각 탐구 단계에 필요한 시간이 부족하였으며, 이전 학교에서의 연구교사 대외 수업 공개도 65분이 지나서 끝났음을 볼 때 40분 동안 수업모형의 각 단계를 밟아가야 하는 시간 부족의 문제는 수업의 질 개선을 위하여 해결해야 할 과제였다.

 수업 후 워크숍 참관 교사들과 수업협의회를 마치고 저녁에는 교육대학교로 가서 이론과실천연구회 교수님들과 대화하면서 나는 충격적인 피드백을 받았다.

막힘없이 흘러가는 깨끗한 수업이었으나 표면을 스치는 듯 재촉하는 수업이었고 아이들이 생각하고 의논할 기회가 별로 없었으며, 수업이 아이들에게 자기 일이 되는 정도가 약한 듯하였다. 또한 생각을 자극하기 위한 추가 질문을 교사는 한 번밖에 하지 않았으며, 교사가 주제의 의도 혹은 교육적 의의를 좀 더 의식하고 수업을 계획할 필요가 있을 것으로 생각한다. 한마디로 수업은 있으되 교육은 없다. 수업목표 설정은 잘하는데 왜 그런 수업을 하는지 인식하는 것이 중요하다. 〈J 교수 소감〉

우리나라에서 이루어지는 탐구수업에 대한 논란은 크게 두 가지로 나누어 볼 수 있다. 하나는 탐구수업이 현장에서 실제 이루어지느냐 하는 것이고 하나는 우리나라에서 탐구수업이라 불리는 것도 학습자에 의한 탐구로 볼 것인가 아니면 교사에 의한 재탐구로 볼 것인가의 문제이다. 실제 교사와 학습자 사이에 탐구수업이 진행되지 않으면서 서로 짜고 탐구수업을 연기한다는 지적이 있어 왔다. 〈L교수 소감〉

수업 후 이런 소감을 듣고 나면 교사들은 어떤 기분이 들까? 심지어 교수님들은 나에게 "교사들은 우리 이야기는 듣지 않고 연구교사들의 수업만 모방하려 든다."고 하면서 "연구교사들이 교사들의 탐구수업을 획일화하고 있다."는 비평을 쏟아냈다.

나는 그동안 연구교사들이 해오던 수업모형을 의심해 본 적이 한번도 없었다. 그냥 따라 하려고 부단히 노력하였을 뿐이다. 40분 안에 수업모형의 단계별 교수·학습 전략을 짜기 위해 수없이 변인을 통제하며 우리 반 아이들과 나를 적응시키는 노력을 했다. 40분 안에 끝나지 않으면 실패한 수업이라는 무언의 압력이 싫었기 때문이다.

나는 이론과실천연구회 교수님들의 조언 덕분에 수업모형 중심 수업에 대한 문제점을 되돌아보기로 하였다. 그리고 지금까지 사회과 연구교사들의 수업이 학습자에 의한 탐구수업이라 할 수 있는지를 교수님의 도움을 받아 가며 다시 성찰하게 되었다. 다음은 22년 전 40분 동안 이루어지는 수업모형 중심 사회과 수업의 문제점을 성찰하고 요약한 내용이다.

첫째, 40분 동안 수업모형의 각 단계를 모두 밟으려 하는 문제이다. 지도안을 보면 40분 동안 문제 파악 → 문제 추구(가설) → 문제 해결(검증, 분석) → 정리·적용의 학습 단계와 단계별 교수·학습 전략을 따라 수업을 설계한다. 그리고 40분 안에 탐구 단계에 따라 학습목표를 도달시키려 하다 보니 학습자들에게 깊이 있는 학습에 필요한 시간을 충분히 주지 못한다.

둘째, 문제 파악 단계에서 명확하게 학습문제를 인식시키는 데 실패하고 있다. 문제 파악 단계는 탐구심 조장과 더불어 강한 동기가 유발되어야 한다. 계획된 5분 동안 사진, 동영상 등을 보며 호기심을 유발하고, 2~3명 정도 발표 후 학습문제를 제시한 다음 교사가 판서한 학습문제를 읽는 것으로 학습자들이 학습문제를 인식하였다고 생각한다. 추가 자료 제시나 대화를 통해 학습자들을 학습문제 장면에 끌어들이지 못한다. 호기심이 유발되었다고 해서 학습자들에게 학습문제가 제대로 인식된 것이 아니라는 사실을 알지 못하고 있다.

셋째, 자료 수집 및 활용의 문제이다. 자료 수집 계획은 학습자가 학습문제 또는 가설을 명확히 알고 이것을 검증하기 위해 수집되어야 한다. 그러나 대부분 교사가 필요한 자료를 안내하거나 단원의 주요 내용을 살펴보고 미리 자료를 수집해 둘 필요가 있는 것을 장기 과제로 제시한다. 따라서 학습자는 탐구 문제를 인식하지 못한 채 부모님 도움, 인터넷 자료 등을 통해 자료를 수집해 오는 경우가 많다. 이렇게 수집해 온 자료는 실제 모둠에서 선택한 과제와 다를 경우 문제 해결에 사용되지 못하고 버려지는 경우가 많다. 그 결과 아이들은 자료 수집 자체를 힘들고 고단한 숙제로 인식하고 있다.

넷째, 탐구의 핵심인 분석 단계에서 탐구를 촉진하는 발문이 부족하고 자료를 분석하여 가설을 증명하고 사고가 가시화되어 나타나는 모습을 찾아보기 어렵다. 대부분 학습자들이 조사한 내용을 모둠에서 토의하고 발표에 치중하는 수업을 하고 있다. 교사들은 '어느 모둠에서 발표할까요?', '네, 잘했어요.', '보충이나 질문 더 없나요?' 등의 토의 결과 공유를 위한 수업 진행자로의 발문에 치중한다.

다섯째, 정리·적용 단계의 문제이다. 이 단계는 학습목표가 이해되었는지 확인하고 지금까지 탐구한 내용에 대한 분석 결과를 종합하여 결론을 내리고, 내가 내린 결론이 맞는지 확인해 보며 생활 속에서 적용해 보는 단계이다. 그러나 실제 수업에서는 시간이 없어 정리 단계로 수업이 끝나고 적용 단계는 생략되는 경우가 많다.

여섯째, 수업모형의 단계를 중요시하는 수업 참관 관점의 문제이다. 수업 협의 시간에 '왜 이 수업모형을 적용하였는지?', '검증 단계는 이런 활동을 해야 한다.'는 등 수업 방향이나 교육 목적보다 단편적인 교수·학습 전략에 초점을 두고 참관한다. 또한 40분 안에 마치지 않으면 실패한 수업이란 분위기를 조성함으로써 수업자로 하여금 참관자를 의식하고 표면을 스치는 듯한 수업을 계속하게 한다.

내가 수업모형 중심 수업을 되돌아보고 크게 깨달은 2가지는 40분 단위의 시간에서는 탐구수업이 어렵다는 점과 수업모형에 너무 얽매이지 않아야 한다는 것이다. 한두 가지의 학습 단계는 생략되기도 하고 80분~120분 단위로 수업모형을 적용할 수도 있으며, 긴 호흡으로 탐구 과정을 경험하는 수업모형의 재구성이 필요함을 알게 되었다. 그것이 학습자 중심 탐구에 한 발 더 다가서는 깊이 있는 탐구임을 깨달았다. 지금은 이런 수업 관점이 자연스럽게 인식되고 있지만 그 당시에는 이런 관점으로 수업을 연구하는 것이 왜 그토록 힘이 들었을까?

그 이후 나는 40분 수업모형 중심 수업에서 여러 시간에 걸쳐 탐구 과정을 깊게 경험하는 주제 중심 탐구수업 방법을 고민하기 시작하였다. 교수님들의 쓴소리 덕분에 수업 이론을 교사가 수정할 수 있음을 알게 된 것은 이후 교육과정 운영의 자율권을 발휘하는 데 큰 힘이 되었다. 계획대로 수업이 흘러가지 않아도 문제 해결에 시간이 더 필요하다고 생각되면 아이들을 재촉하지 않고 다음 시간에 이어서 하면 된다는 생각도 자연스럽게 하게 되었다. 연구교사가 된 이후에도 계속된 나의 수업에 대한 성찰과 반성적 실천은 내가 평생 학습자로서의 삶을 살아가는 교사가 되게 해 주었다.

주제 중심 탐구수업

[40분 수업모형의 틀 벗어나기]

나는 40분 동안의 수업모형 틀을 벗어나 긴 호흡의 탐구 과정을 경험하는 수업모형에 대한 연구를 본격적으로 시작하였다. 그리고 Barry K. Beyer의 '사회과 탐구 논리'에서 한 주제를 중심으로 한 달 또는 몇 개월 동안 탐구 사이클이 전개되는 사례를 읽으면서 큰 충격을 받았다. 고정된 시간표, 교과서에 정해진 순서를 따라가는 학습, 40분에 수업이 끝나지 않으면 수업자가 미안함까지 느껴야 하는 통제적인 우리 교실과는 거리가 멀어도 너무 멀었다. 수업모형 중심 수업이 학습목표 도달뿐 아니라 고기 잡는 방법을 가르쳐 주는 효과까지 얻게 한다는 지식은 이론의 잘못이 아니라 40분 단위 시간에 탐구 단계를 적용한 실천 과정의 오류임을 깨달았다. 주제 중심으로 여러 시간 동안 탐구 사이클이 진행되는 사례를 읽고 이해하는 데 3개월이 걸릴 정도로 나는 수업모형 중심 탐구수업에 대한 화석화된 관념을 깨는 것이 힘들었다.

생각을 바꾸고 나니 이제 수업모형의 틀을 깨는 방법을 찾아야 했다. 우선 교수님의 권유로 복잡한 절차로 제시된 사회과의 여러 가지 탐구수업 모형 중 베이어와 뱅크스의 탐구수업 모형을 통합하고 단순화하여 내가 적용하기 쉽도록 재구성 하였다.[23] 문제 확인 → 가설(계획) → 자료 수집 → 분석 → 정리 및 적용의 단계로 탐구 과정을 설정하였다. 그리고 교과서 단원의 제재에서 주제를 뽑고 주제별로 2주 정도 탐구 과정이 운영되도록 재구성하였다.

이를 위해 동학년 선생님들과 교과교육연구회를 조직하고 주제 중심으로 사회과 탐구수업을 적용하였다. 수업의 방향을 잃지 않기 위해 매월 1회 정도 대구교육대학교 이론과실천연구회 교수님과 수업 공개 및 협의회를 하였다. 처음에는 교수님 일곱 분이 오셨으나 한 달 이후에는 두 분이 그 이후에는 점점 교수님도 참관하지 않았다. 대신 주제 중심 탐구수업을 실행할 때는 수업을 녹화하고 성찰하였다. 동학년 선생님들이 촬영을 도와주며 자유롭게 수업을 참관하기도 하였다.

우리는 여러 시간에 걸쳐 진행되는 주제 중심 탐구수업을 40분 단위 시간에 공개할 수 없음을 알고 다른 학교 교사들과 공유하기 위한 방법을

---

[23] 이종일 외(2006), 『교육적 질문하기』, 교육이론실천연구 시리즈 (5), 교육과학사, p.367~368 에서 요약 정리함.

고민한 결과 수업 진도를 반별로 다르게 진행하고 같은 날 같은 시간에 탐구 단계별로 수업 공개를 할 수 있었다. 문제 파악 단계는 1반, 가설 및 자료 수집 계획은 2반, 분석 및 검증은 3반, 정리 및 적용 단계는 4반이 수업을 공개하였다. 40분 동안 진행되는 탐구수업 모형을 깨고 한계를 알리기 위해 별별 고민을 다 하였다고 생각하면 된다. 아무튼 1년간 주제 중심 탐구수업을 실천하면서 서서히 해결책을 찾아가게 되었다.

얼마 전 어느 교감 선생님이 22년 전 우리가 공개했던 탐구수업이 지금의 개념 기반 탐구수업이었다며 그때 탐구 단계별 수업 공개를 보고 큰 충격을 받았다고 말하였다. 나는 내가 하고 있는 사회과 탐구수업의 방향이 옳은지 답답한 순간들도 많았다. 가장 힘들었던 것은 그 당시 탐구 과정에 따라 수업을 재구성한 선행 연구가 없었다는 점이었다. 단원 재구성이 일반화되고 있는 지금 생각하면 별거 아닌데 화석화된 틀을 깨는 시도는 한걸음조차 걷는 것이 쉽지 않았다.

나에게 있어서 이 시기는 수업 역량이 우수한 교사들의 수업을 모방하던 교사에서 '실천 중 반성'을 통하여 탐구수업 이론을 재구성하는 교사로 성장하는 가장 힘들면서도 의미있는 시간이었다. 이런 실천적 수업 성찰의 경험을 통해 구성주의적 관점에서 지식의 형성 과정이 무엇인지 또 부루너의 사실, 개념, 일반화 즉 '지식의 구조'가 학습자들에게 경험되는 수업 장면은 어떤 것인지 대강 설명할 수 있었다. 높은 산에 오르고 나서야 비로소 산을 오르는 여러 갈래의 길이 한눈에 내려다 보이듯이, 나는 어느새 의사결정학습, 협동학습 등의 여러 수업모형은 정상을 오르는 코스가 다를 뿐 산을 오르는 방법을 배운다는 점에서 탐구수업과 하나임을 알게 되었다. 그리고 사회과 여러 수업모형의 단계별 교수 전략을 비교해 보면서 각 단계는 용어만 다르지 도입-계획-전개-정리·적용의 흐름이란 공통점이 있다는 것을 알게 되었다. 이후부터 나는 학습목표에 도달하는 과정에서 학습자들이 경험하는 딥러닝은 모두 탐구수업이라고 말하는 교사가 되었다. 다음은 이러한 배움을 얻게 된 주제 중심 탐구수업의 사례이다.

[주제 중심 탐구수업]

앞에서도 말했지만, 나는 여러 시간 동안 탐구수업을 실천한 경험이 없어서 처음부터 길게 재구성하기가 부담스러웠다. 먼저 교육과정의 목표를 참고하여 한 단원을 3개의 소주제 중심으로 내용을 재구성하고 하나의 주제는 5~6차시 동안 2주 정도에 걸쳐 탐구 사이클을 경험하도록 하였다. 7차 교육과정의 3학년 '고장의 중심지' 단원과 관련된 사회과 교육과정을 살펴보면 다음과 같다.

(2) 고장 생활의 중심지
시장과 터미널, 역 등을 이용하는 사람들, 유통되는 물자에 대하여 알아봄으로써 고장 사람들은 시장, 터미널 등을 중심으로 서로 관계를 맺으며 생활하고 있음을 이해하고, 시장, 터미널, 역에 관한 자료를 모으고 이를 분류하여 간단한 도표를 만든다. 나아가 우리 고장의 발전을 위해서는 다른 고장과 어떤 관계를 맺으며 살아가야 하는지에 대한 관심을 가진다.

(가) 시장과 물자 이동
① 우리 생활에 필요한 것들이 무엇인지 찾아보고, 그것을 분류하여 의식주의 의미를 파악한다.
② 고장의 시장을 견학해 보고, 상점의 종류, 판매하는 물품, 사가는 사람들에 대하여 조사하고 표로 나타낸다.
③ 견학, 면접, 자료 조사 등의 방법을 통해, 고장의 시장에 나온 물건들은 어디에서 오고 어디로 가는지 알아본다.

(나) 터미널과 교통
① 고장의 역과 버스터미널의 위치, 노선, 이용하는 사람의 수 등을 조사하여 표로 나타낸다.
② 버스터미널과 역을 이용해 본 경험을 발표하고, 우리 고장에서 버스터미널과 역이 어떤 구실을 하는지 알아본다.

교육과정의 핵심은 중심지인 시장, 역·터미널을 이용하는 사람들과 유통되는 물자들을 조사하여 '서로 다른 고장은 관계를 맺으며 살아간다.'는 '일반화된 지식'을 이해하도록 지도하는 것이었다. 그리고 의식주의 의미, 시장이 하는 일, 역과 터미널의 역할을 알아보는 탐구 활동을 하면서

'상호의존'이란 개념을 이해하도록 하는 수업이었다.

따라서 교과서 단원 전체 지도 계획 19차시 중 단원 살펴보기에 2시간을 배당하고 17시간 동안 3개의 주제 중심 탐구수업을 다음과 같이 대략적으로 설계하였다. 특히 주제(1) 시장이 있는 곳은 사실 초등학교 3학년이 가설을 세우고 검증하는 교육과정 내용이 거의 없기 때문에 교수님과 협의하여 가설 수립과 검증 경험을 아이들에게 제공하는 데 중점을 두고 5시간 동안 시장의 입지 특성을 탐구하도록 설계하였다.

주제(1) 시장이 있는 곳 (5차시)
- 시장 이용 경험을 이야기하고 시장이 있는 곳의 입지 특성을 유추하여 가설을 설정한 후,
- 시장의 입지 특성에 대한 가설이 맞는지 검증하고 새로운 아파트 개발 지역 분양 광고지에 시장을 세워보도록 설계하였다.

주제(2) 시장이 하는 일 (5차시)
- 시장에서 사고파는 물건들을 의식주로 분류하고,
- 우리가 시장에서 구입한 물건에서 원산지가 나타난 상표(5개씩 개별로 가져오도록 함)를 보며, 코팅된 지도 위에 원산지와 우리 고장을 선으로 그려보는 활동을 하면서,
- 고장 사람들은 생활에 필요한 물건을 얻기 위해 서로 관계를 맺으며 살아간다는 것을 탐구하도록 설계하였다.

주제(3) 여행을 떠나요 (7차시)

- 동대구역과 시외버스터미널을 이용하는 사람들의 이동 목적을 5명 정도 현장 인터뷰하여 오도록 하고,
- 코팅된 지도 위에 면담한 사람들의 고장과 우리 고장을 선으로 나타내는 활동을 한 후,
- 역과 터미널은 고장과 고장을 이어주는 중심지 역할을 한다는 것을 탐구하도록 설계하였다.

다음은 '고장의 중심지' 단원을 3개의 주제 중심으로 탐구수업을 재구성하고 실천한 사례이다. 2003년 6월 16일부터 여름방학까지 3학년 학생들을 대상으로 수업을 하였다. 이들 중 주제(1) 시장이 있는 곳은 기록이 남아있어 자세히 소개하고 나머지 2개 주제는 그 당시 수업안을 참고하여 떠오르는 생각을 중심으로 간략히 소개한다.

주제(1) 시장이 있는 곳

문제 파악 단계는 자신의 시장 이용 경험을 모두 이야기하고 우리반이 다녀온 시장 이름을 칠판에 적었다. 칠판의 다양한 시장 이름을 보면서 아이들과 함께 시장 분류 기준을 정하고 시장을 대형 할인매장, 꽃시장, 전통시장, 백화점 등으로 분류하였다. 그리고 시장들은 왜 이곳에 세워졌는지 가설을 세우는 공부를 하기로 하고 40분 동안 학습문제를 파악하고

수업을 마무리 하였다.

　가설 수립 및 자료 수집 계획 단계는 80분을 배당하였다. 탐구를 명확히 하기 위한 가설 수립에 30분 정도 배당하고 나머지 50분은 자료 수집 계획 시간을 주었다. 지난 시간 시장 분류 활동을 상기하고 시장 주변 사진을 보여주면서 '왜 이곳에 이런 시장(백화점, 전통시장, 꽃시장 등)이 있을까?'를 개인 생각, 모둠 생각으로 유추하여 보도록 하였다. 아이들은 교통이 편리해서, 인구가 많아서, 지하철이 가까워서, 인근 상가가 많아서, 중심지라서, 주차 공간이 넓어서 등 가설을 설정하였고 우리 생각이 맞는지 다음 시간에 자료를 모아 증거를 확인하기로 하였다.

　그리고 이에 대한 모둠별 자료 수집 계획을 세우고 역할을 분담하고 수업 시간에 교과서나 기타 자료를 미리 찾아 읽기도 하면서 가설 및 자료 수집 계획에 여유 있게 80분을 사용하였다. 특히 시장이 왜 이곳에 있는지를 검증하여야 하므로 시장 주변의 모습에 주안점을 두고 자료를 조사하도록 유의 사항도 안내하였다.

　분석 단계에서는 증거 자료를 통해 비교하기, 분석하기, 인과 관계 파악하기 등 다양한 사고 기능을 발동하게 된다. 나는 지난 시간에 확인한 '시장은 어떤 곳에 있을까?'라는 학습목표를 칠판에 쓰고 지난 시간에 시장이 있는 곳에 대해 우리가 유추했던 가설을 상기시키며 가설 카드를 칠판에 붙였다. 그리고 우리가 생각한 시장의 입지 특성이 맞는지 수집해 온 자료를 보며 모둠별로 토의하게 하고 다니면서 질문하고 탐구 활동을 도왔다.

인구가 많은 곳	교통이 편리	땅이 넓은 곳	상가가 많은 곳
도로 넓은 곳	아파트지역	환경이 좋은 곳	지하철	주차 공간

그리고 우리가 유추한 가설 9개가 타당한지에 대한 모둠별 분석 결과를 발표할 때, '왜 입지 조건으로 타당한가?', '왜 이것은 입지 조건이 되지 않는가?' 등의 용어를 사용하며 토의 결과를 발표하도록 하였다.

나는 모둠별 발표를 들으며 시장의 입지 특성으로 적합하다고 발표하는 가설 카드 아래에는 발표 횟수만큼 분필로 막대를 그려나가며 우리반 전체가 한눈에 검증이 용이하도록 하였다. 그 결과 백화점이 있는 지하철은 유동 인구가 많은 곳으로 가설이 수정되었고 환경이 좋은 곳은 증거 부족으로 제외되었다. 아이들은 적극적으로 시장의 입지 특성에 대한 지식을 구성하여 나갔다.

적용 단계는 지금까지 학습한 내용 확인 및 생활 속 실천으로 연결하는 단계이다. 아파트 개발 지역 분양 광고지를 나눠 주고 어느 곳에 시장을 세워야 사람들이 많이 모여들지 선택하고 이유를 학습장에 쓰도록 한 후 짝과 모둠에게 설명하도록 하였다.

주제(2) '시장이 하는 일'은 시장을 미리 부모님과 견학하고 시장에서 구입한 다양한 물건들의 상표를 5개 정도 가지고 오도록 하였다. 그리고 코팅된 우리나라 지형도에 굵은 마커펜으로 구입한 물건의 원산지를 표시하였다. 이어서 우리 고장과 물건을 구입한 원산지를 선으로 연결하여 우리 고장과 다른 고장의 관계를 눈으로 확인할 수 있도록 하였다. 이어서 지도를 보면서 다른 고장의 물건들이 시장을 통해 교류되며 우리는 다른 고장 사람들과 서로 도움을 주고받으며 살아간다는 것을 시각적으로 이해하도록 수업을 하였다.

주제(3) '여행을 떠나요'는 주말을 이용하여 가까운 기차역이나 터미널에 가서 버스나 열차 운행 시간표를 사진으로 찍고 승객 5명 정도와 어느 고장으로 왜 오고 가는지 면담을 해오도록 안내하였다. 그리고 주제(2)와 같이 코팅된 우리나라 지형도 위에 마커펜으로 오고가는 사람들의 고장과 우리 고장을 선으로 나타내어 역과 터미널은 고장을 이어주는 중심지임을 탐구하도록 하였다. 그리고 가족끼리 여름방학 때 여행하는 고장과 우리 고장의 물자 교류 관계를 소개하는 보고서를 작성하게 하였다.

나는 이 단원의 3가지 주제를 탐구하면서 아이들이 중심지, 시장, 역·터미널이란 사실적 지식과 '상호의존'이라는 개념적 지식을 자신의 언어로 설명할 수 있기를 기대하였다. 나아가 탐구 활동이 끝나는 주제의 정리 단계에서 '고장 사

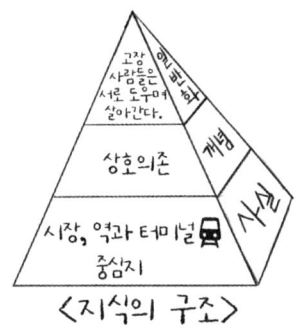

〈지식의 구조〉

람들은 시장을 통해서 서로 도움을 주고받으며 살아간다.'는 일반화된 지식도 자기 언어로 설명할 수 있기를 기대하였다. 그것이 바로 개념의 언

어화이며, '꼬마 학자 되어보기'에 참여한 학습자들이 '아하 그렇구나!' 하고 '통찰'이 일어난 탐구의 증거이기도 하기 때문이다.

물론 우리반 아이들은 '고장 사람들은 서로 돕고 살아간다.', '시장을 이용하여 사람들은 생활에 필요한 것을 서로 교류하며 돕는다.', '시장과 역은 고장들을 이어준다.' 등 일반화된 지식을 자기 언어로 잘 말해 주었다. 교사용 지도서에 나타난 학자들이 내린 일반화된 지식과 말은 달라도 의미는 통하였다.

이러한 통찰이 일어나는 탐구 과정을 배우는 것이 바로 물고기 잡는 방법을 가르치는 교육인 것이다. 꼬마 학자가 된 아이들은 학자들이 만든 일반화된 지식을 '정말 그런지' 다시 알아보는 탐구 활동을 하면서 자기 나름대로 개념적 이해에 도달하는 탐구자가 된다는 것을 주제 중심 탐구 수업에서 경험할 수 있었다.

나는 주제(1) '시장이 있는 곳'에 대한 5차시 동안의 탐구수업 적용을 마치고 이론과실천연구회 교수님과 다시 성찰의 시간을 가졌다. 주제 중심 탐구수업의 시행착오를 거듭하면서 막막함이 조금씩 줄어들고, 아이들을 탐구 과정으로 이끌어가기 위해 학습 상황에 맞는 교사의 발문에 집중하게 되었다. 그런 경험이 계속되면서 수업의 앞뒤 차시가 분리되지 않고 주제를 중심으로 탐구 과정이 연결되고 깊어진다는 것도 조금씩 느껴가고 있었다.

그러나 나는 여전히 내가 하는 수업이 지식의 구성 과정으로서 탐구수업이 맞는지 확인을 받고 싶어 했다. 이런 수업을 받은 적도 본 적도 없으니 늘 마음속에는 불안감이 도사리고 있었다. 협의회 때도 나는 이런 불안감을 말하고 있었다. 수업협의회를 마친 후 며칠 지난 6월 25일, 교수님께서 다음과 같은 의견을 카페에 남겨 주셨다.

자주 듣는 이야기입니다만 이번 참관 수업에서도 들었습니다. 이야기 인즉 '구성주의 수업은 힘들어서 어떻게 해야 할지 몰라서, 현실성이 없어서 하기 힘들다.'는 것입니다. 그런데 제가 보았을 때 그 수업은 다분히 구성주의적이었습니다. 맥락적이고 구성적이며 간주관적이었습니다. 수집한 자료를 해석하며(맥락적), 조원들과 토의하여 자기조의 의견을 구성하였습니다(구성성과 간주관성). 그럼에도 정작 수업한 선생님은 그것이 구성주의적인지 모르고 있었습니다. 선생님들은 무슨 방법을 이용하였는데, 학생들이 잘 이해를 못해 이것이 잘못되었고 등의 이야기를 협의회에서 들었습니다. 제가 이야기하고자 하는 요지는 지나치게 이론에 매몰되지 말라는 것과 스스로 자신감을 가지라는 것입니다. 늘 하는 이야기지만 이론적 선명성은 연구실에나 필요한 것입니다. 그리고 자신감은 끊임없는 의미 부여에서 나옵니다.

이 글을 읽고 나는 그간의 고생을 잊고 기쁨을 감추기 힘들었다. '네가 맞아'라고 말해 주시는 듯하여 자신감이 생겼다. 유난스럽다고 생각하는 동료들의 눈치를 살피면서도 교수님과 수업 나눔과 성찰을 지속한 이유는 바로 교수님의 훌륭한 통찰력과 지혜에 대한 믿음 때문이었다. 나는 탐구를 통한 개념의 언어화를 말하면서도 정작 나 스스로는 탐구수업을 설명하지 못했던 것이다. 여전히 교수님이 나의 탐구수업 방향이 맞다고 판단해 주는 말을 듣고 싶어 했던 것이다.

이후, 나는 1년간 꾸준히 주제 중심 탐구수업을 실천하였고 더 이상 수업모형에 갇힌 수업을 하지 않았다. 하나의 주제가 5~6차시로도 탐구 시간이 부족할 때가 있는데 40분 동안 탐구 과정을 밟는 것은 변인 통제를 하는 실험실 수업임을 실천 속에서 깨달았기 때문이다. 나는 그 밖에도 학습자들의 사고력을 기르기 위한 교사 발문의 중요성, 꽉 찬 본시안 중심 수업 지도안보다 단원 전체 수업 흐름이 잘 드러난 대강화된 수업 설계가 교육과정의 큰 그림을 그리는 데 더 효과적이라는 것도 알게 되었다. 모두 실천적 수업 성찰로부터 얻은 배움이다.

학자들에 의해 연구된 수업 이론은 진리가 아니다. 교실에서 교사에게 검증되고 적합해야 현장에 맞는 수업 이론이 되는 것이다. 교실에서의 실천적 수업 성찰 경험은 수업과 교육과정이 교사 전문성의 가장 중요한 요소라는 생각을 끊임없이 들게 해주었다.

현재 나는 IB PYP 월드스쿨에 근무하고 있다. 이곳에서 교사들의 개념 기반 탐구수업을 보면서 다시 한 번 20년 전의 감회에 젖어 들곤 한다. 내가 그때 주제 중심 탐구수업의 결과로 최종 결론 내린 '일반화된 지식'이 2022 개정 교육과정에서는 '핵심 아이디어'로 정의되고, IB 프로그램에서는 중심 아이디어라고 말하고 있기 때문이다. 교육과정과 수업의 방향이 이론에 머물지 않고 바람직하게 변화하는 것을 지켜보는 일은 나로서는 반갑기 그지없는 일이다.

요즘 빠르게 확산 중인 IB 프로그램의 개념 기반 탐구수업과 틀의 차이는 조금 있지만 20년 전 교수님과 함께 개념 기반 탐구수업을 실천으로 터득했다는 뿌듯함, 그 경험이 이슬처럼 사라지지 않고 다시 후배들을 지도할 수 있는 안목으로 남아있다는 생각에 감회가 새롭다.

나의 마지막 수업 공개

나의 교사 시절 마지막 근무지는 대구교육대학교 부설 국립학교였다. 국립학교의 가장 큰 강점은 연중 교육 실습생을 지도한다는 점이다. 실습생들을 가르치면서 나도 배울 수 있는 것이다. 그때는 교원 임용에서 많은 인원을 선발하여 참관실습, 수업실습, 실무실습 시기마다 교생들이 9명~10명씩 교실에 왔다. 9명의 교생이 교실에 들어와 1인이 8시간씩 수업을 한다면 적어도 72차시, 1년이면 3회의 실습 기간 동안 연간 약 216차시의 교생 수업을 함께 고민하고, 지상 수업을 거쳐 교생들이 수업을 하게 되는 것이다. 이와 같은 4년간의 교육 실습생 지도 경험은 나에게 다른 교과 수업까지 볼 수 있는 안목과 수업 장학 역량을 키워주었다. 그러나 이것을 마지막으로 전문직으로 전직하게 되어 22년 간의 교사생활은 끝이 났다.

지금은 교원 임용 면접 고사도 프로젝트 학습 지도안을 짜고 수업 시연을 하는 상황이라 대학에서도 프로젝트 학습 설계와 지도 방법을 경험할 수 있지만 17년 전만 하여도 교육 실습생 지도는 교과별 수업모형을 적용하여 수업을 설계하였다. 그러나 지금도 많은 학교에서 수업 공개 이야기는 수업모형을 중심으로 단원이나 본시안을 설계하는 교사들이 많이 있는 것으로 알고 있다.

나의 인생 수업 마지막 이야기는 교육 실습생을 위한 수업 공개 이야기이다. 많은 수업들이 기억에 남지만 이 수업을 소개하는 이유는 수업 공개를 한 아이들이 마지막 제자라는 점도 있고 아이들과 함께 청도 촌락 여행을 다녀온 일이 오래도록 기억에 남기 때문이다. 2007년 6월 12일, 32명의 우리반 아이들과 마지막 수업 공개를 하였다. 5학년 1학기 2단원 '우리가 사는 지역', 제재는 (2)-③ '촌락이 변화하고 있어요.', 15/17차시이다. 학습목표는 '촌락의 문제점과 해결 방법을 찾을 수 있다.'로 정하였다.

사실 도시에 살고 있는 아이들이 시골 할머니 댁이나 친척 댁에 다녀오지만 그것으로 촌락의 문제점을 내가 해결해야 할 학습문제로 인식하기는 어렵다. 학습 훈련이 된 아이들이라 사전 과제를 주고 조사해 온 자료로 토의하고 종합하여 발표는 잘 하겠지만 학습에 깊이 빠져든다고 믿기는 어렵다. 아이들은 인터넷 자료를 전달하는 수준에 그치고 말 수도 있다. 따라서 촌락의 문제를 내 문제로 인식하고 촌락 문제 해결 경험 속에서 사회과적 사고력을 기르도록 하는 데 교육 목적을 두고 설계하였다.

나는 사전에 현장학습 도우미를 선발하고 촌락의 문제가 도시에 사는 우리와 매우 관련이 깊은 실질적인 문제로 인식되도록 수업 준비를 하였다. 수업 공개 일주일 전 토요일, 학교에서 우리반 현장학습 도우미 4명과 만나 근교 청도지역 촌락을 찾았다.

30분 정도 지나자 보이는 것 자체가 촌락에 대한 교육이란 생각이 들었다. 양파밭에는 붉은 양파 자루가 수북이 쌓여있고 대부분 노인들이 양파를 캐고 자루에 담는 일을 하고 있었다.

눈에 보이는 초등학교에 들어가니 1~2학년이 한 교실에서 복식 수업을 하는 듯 우유통과 신발장에 10여 명도 안 되는 아이들 이름이 함께 붙어 있었고 빈 우유통 개수도 신발장 이름과 일치하였다. 또 인접한 폐교를 가보니 국악반 아이들의 기숙형 국악 연습실로 활용되고 있었다.

복숭아 자두가 줄줄이 익어가고 길가에는 과일 판매와 특화된 농산품을 판매하고 있는 모습을 보았다. 우리는 그런 장면을 사진으로 남기고 농민, 폐교에서 국악 하는 분들과 인터뷰도 하였다. 그리고 청도의 면적과 인구 수 통계를 조사하였다. 그리고 식당으로 가서 불고기를 맛있게 먹고 오늘 우리가 본 현장 답사 자료에 대한 역할 분담을 정하였다.

4명의 학습 도우미가 ①청도의 면적, 인구 수, 산업 ②양파밭, 과수원 등 일손 부족 문제 ③학교와 폐교 ④청도의 자랑거리 등을 한 가지씩 정하여 수업 공개 차시의 도입 부분에서 10분간 오늘 와보지 못한 친구들을 위해 실감나게 소개하기로 하고 헤어졌다. 수업이 시작되었다. 도입 부분에서 육색 사고 기법 중 노란 모자, 검은 모자를 활용하여 촌락의 좋은 점과 문제점을 생각해 보게 하였다. 그리고 미리 지난주 다녀온 현장학습

도우미 4명의 발표가 이어졌다.

도우미들은 조사 내용을 정리하여 촌락의 문제점을 사진과 인터뷰 자료를 통해 생동감 있게 전달하였다. 순간 아이들은 감탄과 환호와 웃음으로 수업 속으로 들어왔다. 어떻게든 촌락의 문제는 우리들의 문제라는 학습문제를 인식시키는 데 성공하였다. 특히 서울과 청도가 면적은 비슷한데 그 당시 청도 인구는 4만여 명, 서울은 천만 명이 넘으니 얼마나 노동력이 부족할지, 인구 밀도가 낮은데 땅을 어떻게 활용할지 등 머릿속에 촌락의 문제점이 실제의 문제로 인식되어 문제 해결 방법을 찾아야겠다는 생각을 하게 하였다.

우리는 촌락의 문제점을 ①줄어드는 인구 문제 ②양파밭, 과수원 등 일손 부족 문제 ③학교와 폐교 등 문화적인 부분으로 나누고 모둠별로 하나씩 선택한 후 촌락의 문제점 해결 아이디어를 조원들과 토의하여 학습장에 메모하였다. 그리고 자기 모둠의 의견을 정리하여 전체 발표를 하고 느낀 점을 정리하였다. 그리고 다음 시간에는 청도에 대한 신문이나 보도 자료에서 자랑거리를 더 찾아보고 미래의 발전된 청도의 모습을 알리는 홍보물을 간단히 만들기로 하고 수업을 마쳤다.

아이들은 이 수업을 통해 피상적으로 이해하던 촌락의 문제에 대한 관심을 높이고 생생한 증거를 바탕으로 촌락 문제에 대한 해결안을 모색하였다. 그 과정에서 도시와 촌락은 각각 독특한 입지 조건과 분포, 기능적인 특징을 가지고 있으면서도 상호보완적 관계를 맺고 있다는 사실을 이해하게 되었다.

수업을 하고 그날이 마지막 수업이라는 아쉬움과 수업 후 진한 여운이 남았던 기억이 떠오른다. 전체가 현장학습을 가는 것이 어려울 때 도우미를 활용하는 것의 효과를 알고 후배 교사들이 수업을 설계할 때 가끔 이 방법을 권하기도 했다. 마지막 수업을 위하여 아이들과 함께 촌락 현장체험학습을 다녀온 일은 나에게 남다른 추억으로 아직도 생생하게 남아있다.

나는 이제 정년을 앞둔 교장이 되었다. 옛날 교사 시절 동학년 선배님들을 보며 '나는 어떤 모습으로 정년을 맞이하고 싶은가?'를 자주 생각하곤 하였다. 이제 후배들이 나를 보며 그런 눈으로 보고 있을지도 모를 일이다. 후배 교사들에게 교실 문을 열고 수업을 성찰한 나의 인생 수업 이야기는 어떻게 받아들여질까? 한번도 스스로 교실 문을 열어 본 적이 없는 교사들은 많이 부담될 것이다. 수업에 대한 열정이 있는 일부 교사는 공감도 할 것이다.

그러나 우리는 대한민국 초등학교 교사로 한발 더 나아가 우리나라의 미래도 생각해야 한다. 우리 어른들이 만들어 놓은 세상 속에서 우리 아이들이 살아가게 될 것이기에 그것은 교사이기 이전에 어른들이 해야 할 역할인 것이다. 그리고 그렇게 우리나라 미래는 발전적으로 나아갈 수 있을 것이다. 이것은 우리 교사들의 행위가 결코 가볍거나 작지 않은 역사적 행동임을 의미하기도 한다.

초·중등교육법에 규정된 교사의 법적 책임을 논의하지 않더라도 교실은 엄연히 공적 공간이며 교실에서 이루어지는 수업은 공적 행위이다. 혹시 선생님들은 수업을 공개하는 자로 선정되면 동학년을 위해 봉사한다고 생각한 적은 없는가?

열리지 않는 교실을 걱정하며 교육부나 교육청이 교육 혁신을 반복적으로 호소하게 만드는 지엽적인 교육 정책들은 교사를 변화시킬 수 없음을 나는 그동안 경험으로 보아왔다. 열린교육, 창의성교육, 혁신학교, 교실혁명 등의 용어가 상용화된 지 오래지만, 늘 그렇듯이 일부 뜻있는 교사만 성장을 위해 노력하는 이 시스템을 나는 진심으로 걱정한다. 교사 전문성을 위해 아무것도 시도하지 않는 교사들이 늘어나고 있음은 진짜 교육의 위기임을 알아야 한다.

초심자의 마음으로 돌아가 자기 수업을 성찰하고 일상의 나의 수업으로 동료 교사를 초대하며 수업 후 교실이나 카페에서 비공식적으로 서로 수업을 나누는 것은 얼마나 큰 행복인가? 이런 교사들은 교직 생활을 즐기는 삶을 살게 된다. 교원능력개발평가, 성과상여금 등으로부터 자기를 등급화하지 않고 스스로 자존감을 지켜나가는 삶을 살아갈 것이다.

그리고 무엇보다 사람은 누구나 늙는다는 사실이다. 교사도 늙는다. 신규 교사의 젊음이 60대까지 가지 않는다. 나이만큼의 전문성을 길러두지 않으면 상대적 박탈감, 심리적 위축으로 명예퇴직을 고민할 수밖에 없다. 이런 나의 말에 거북해 하거나 반감을 가지는 교사도 있을 듯하다. 빼곡한 수업, 부적응 학생, 극성 학부모 민원, 각종 업무 처리로 바쁜데 한가하게 수업 타령이나 한다고 말이다.

나는 이런 교사들을 위하여 몇 년 전 한국교원단체가 발행하는 신문 《월요 논단》에 강원 묵호여중 김동훈 수석교사가 인용한 러시아의 교육사상가 V.A. 수호몰린스키의 책 『선생님들에게 드리는 100가지 제안』 일부를 선생님들께 들려주고 싶다.[24]

러시아에서 어느 역사선생님이 수업을 공개하였다. 수업을 참관한 사람들은 수업 토의 시간에 무슨 말이라도 하려고 메모를 하려고 하였다. 그러나 수업에 몰입하느라 아무것도 기록하지 못하였다. 수업은 그 정도로 훌륭하였다. 수업이 끝난 후 어느 선생님이 물었다.

"선생님 수업 잘 보았고 정말 많이 배웠습니다. 말씀 한마디 한마디에 커다란 감화력이 있었습니다. 그런데 수업 준비에 몇 시간이나 투자를 하셨는지요?"

역사선생님의 대답은 의외였다.

"이 수업 준비에 직접 들인 시간은 15분밖에 안 됩니다."

질문을 한 선생님이 머쓱한 표정을 짓자 역사선생님은 이렇게 말을 이었다.

"이 수업을 위해 직접 투자한 시간은 15분이지만, 사실 저는 평생 이 수업을 준비했습니다. 저는 모든 수업을 평생 준비합니다."

---

[24] 김동훈(2017.7.21.), 『월요논단』, 「한국교육신문」 칼럼에서 인용함.

"저는 모든 수업을 평생 준비합니다." 이 한마디 대답에는 교사가 어떤 생각, 어떤 행동을 하며 살아가야 할 것인지에 대한 이정표를 제시한 것이라고 생각한다. 물론 우리나라에도 훌륭한 교사는 많다. 그러나 우수한 인재들이 교사가 되어 나의 수업에 초대하는 열린 교실보다 홀로 모든 것을 해결하고자 고립된 교실에서 신음하고 있다는 사실이다.

후배 교사들에게 모델링이 되는 교사, 승진하지 않고도 존경을 받는 교사들이 많아져야 한다. 이런 삶은 교사 개인의 행복한 삶의 원천이기도 하고 동시에 교사의 권위를 스스로 세우는 일이기도 하다. 초등 교육에 애정을 담고 살아온 한 사람으로서 후배 교사들에게 청주교육대학교 이혁규 교수가 대구교육연수원 1급 정교사 자격연수 기조 강연에서 한 질문을 소개하면서 이 장을 마무리 한다.

"여러분, 수업하기에 딱 좋은 나이는 몇 살인가요?"

① 20대 ② 30대 ③ 40대
④ 50대 ⑤ 60대

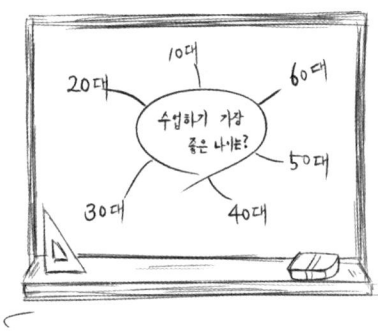

제3장

수업을 위한 교육과정

국가 교육과정의 변화

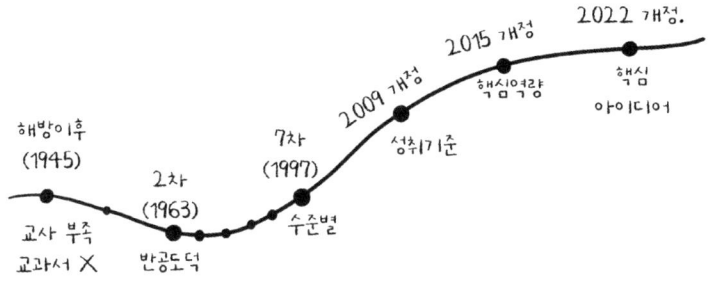

　우리나라는 교육의 발전 방향을 모색하기 위하여 미군정기 교수요목기를 포함하여 지금까지 14차례에 걸쳐 국가 교육과정을 개정하여 왔다. 고시 이후에도 2007 개정 교육과정은 4차례, 2009 개정 교육과정은 7차례, 2015 개정 교육과정은 6차례나 수시 개정을 하였다. 해방 이후 7차 교육과정까지는 5년 주기로, 2007 개정 교육과정 이후에는 평균적으로 매년 수시 개정이 이루어져 왔다고 볼 수 있다.

　이렇게 수시로 교육과정이 개정되어 왔지만 학교에서 실제 이루어진 수업과 평가가 교육과정의 요구대로 이루어진 것은 아니다. 그 이유는 교육과정 개정이 지나치게 국가 주도로 이루어져 학교 현장의 실제 상황을 파악하고 이에 기초한 교육과정을 마련하지 못한 데서 원인을 찾을 수 있다. 그리고 교육과정을 개정하면 시·도 교육청 및 일선 학교에 일방적으로 제시하고, 교육과정이 실제로 어떻게 이루어지는가에 대해서는 구체적 관심을 가지지 못한 것도 원인이라 볼 수 있다. 또한 학교도 교육과정의 목적, 교과 편제, 교과서 등이 개정되어도 학교 현장의 다양한 요인 때문에 교육과정 운영에 제약을 받아온 것도 사실이다.

이와 같은 여러 가지 이유로 국가와 교육청 및 학교는 지금까지 교육과정에 대한 각자 나름대로의 입장과 방식으로 교육과정을 실행하기 위해 노력하여 왔다. 예를 들어 국가의 경우에는 5~7년 주기로 국가·사회적 변화 요구를 반영하여 교육과정을 개정하고 시·도 교육청 전문직과 핵심 요원을 대상으로 개정 배경, 주요 개정 내용을 연수시켰다. 그리고 이에 대한 학교의 운영 현황을 보고 받고 개선점을 찾아 반영하는 방식으로 운영하여 왔다.

교육청의 경우에는 교육부에서 고시한 교육과정 내용을 기준으로 지역의 여건과 역점 사업을 반영하여 지역 수준의 교육과정 편성·운영 지침을 고시하였다. 그리고 교육부와 교육청의 주요 교육 정책 내용이 학교에서 실행되도록 연수와 컨설팅을 실시하였다. 아래 내용은 내가 2009 개정 교육과정을 1~2학년에 처음 적용할 때 교육과정 업무를 하면서 교육부 지침에 따라 컨설팅을 실시한 내용이다.

- 학교가 자율적으로 교과별 수업 시수를 20% 범위 내에서 어떻게 증감 편성하였는지?
- 학년군별 최소 수업 시수를 확보하였는지?
- 주5일 수업제 시행으로 220일에서 190일로 감축된 수업 시수 확보를

위하여 7교시 편성은 어떻게 하였는지?
- 체육, 음악, 미술 예체능 교과 시수는 감축하지 않고 편성하였는지?
- 정보 통신 활용 교육, 보건 교육, 한자 교육은 관련 교과와 창의적 체험 활동 시간을 활용하여 어떻게 편성하였는지? 등이다.

금년부터는 2022개정 교육과정을 1~2학년에 적용하고 있는데 학교에서 제출할 교육청 점검 항목도 이와 같은 방식을 취하고 있다.

입학 초기 적응활동 창의적 체험활동 34시간 편성 유무, 신체 활동 주당 평균 운영 시간 수 이행 여부, 1~2학년군 창의적 체험활동 시수의 합, 범교과 영역별 시수의 적절한 편성 등

이것은 교육부나 교육청의 변함없는 관리 위주의 교육과정 실행 방식의 단면이라 하겠다. 그리고 실제로 인력과 예산 등의 많은 제약으로 인해 학교 교육과정 운영의 실제적인 모습을 살펴보기에는 한계가 있는 것도 사실이다.

또한, 학교의 입장에서 살펴보면 학교에서 사용하는 교육과정은 학교 교육 계획서, 진도표, 학년 교육과정, 교과서, 지도서 등이다. 여기에는 국가 및 시·도 교육과정 편성·운영 지침, 교육지원청 역점 사업, 각종 정책 등을 포함하여 반영해야 할 사항이 더 많아진다. 이러다 보니 학교 특색 사업을 운영하는 학교의 경우 필요한 시간 확보를 위해 교과나 창의

적 체험활동, 아침·방과후 등 틈새 시간을 비집고 들어가야 하는 현실에 직면하고 있다.

학교는 이와 같이 위로부터의 요구 사항과 학교의 특색 사업, 각종 행사 등을 반영하여 연구 부장이 작성한 교육과정 편성 기준에 따라 학년 연구가 진도표를 짠다. 이후 동학년 교사들과 교과목을 분담하고 교과별 연간 지도 계획과 평가 계획을 수립하여 학년 교육과정을 완성한다. 실제 수업과 평가는 이렇게 만들어진 학년 교육과정의 진도표와 평가 계획을 기준으로 교사들이 교실에서 자율적으로 교육과정을 실행한다.

이처럼 국가와 교육청, 학교는 다양한 여건을 고려하여 각자의 입장에서 나름대로 교육과정을 열심히 실행하여 왔다. 하지만 교육과정의 마지막 종착지인 교실에서 실행되는 학년 교육과정은 학교 교육과정에 비해 지금까지 등한시 되어 왔다. 그러다 보니 국가 교육과정 문서나 학교 교육 계획서가 업무 담당자 외에는 학년 교육과정에 별로 활용되지 못하고 캐비닛 문서로 여겨지는 원인이 되었다.

교육과정이 보관된 문서에 머무르지 않고 실질적인 변화가 나타나도록 기반을 마련한 것은 7차 교육과정부터이다. 7차 교육과정에서는 주기적으로 학생들의 학력 평가는 물론 교육과정 평가 체계를 도입하여 교육과정 운영의 최종적이고 실질적인 책임은 학교와 교사라는 점을 인정하면서 동시에 교육과정의 수준을 높이기 위한 노력을 하였다. 또한 교육과정 계획에서부터 교육과정 운영 결과 분석에 이르기까지 교육과정의 실질적 운영을 강조하기 위하여 학교평가 위원을 구성하여 학교 방문평가를 실시하기도 하였다.

　노력의 결과 전국적으로 수준별 교육과정이 교실 수업에서 다양하게 실행되는 듯하였으나 그것도 잠시, 오랜 전통인 교과서 중심 교육과정을 결국 넘어서지는 못하였다. 또한 지나치게 경쟁적인 학교평가를 실시하면서 학교로부터 많은 불만을 초래하게 되어 학교 교육과정의 자율성을 견인하지 못하였다.

　그로부터 10년이 지나고 2009, 2015, 2022 개정 교육과정이 연이어 고시되면서 교사의 교육과정 전문성에 대한 요구는 보다 본격화되기 시작했다. 동시에 교육과정의 최종적이고 실질적인 책임자인 교사들의 교육과정 문해력의 중요성이 더욱 커졌다. 과정 중심 평가 등 교과 교육과정에 대한 깊이 있는 이해를 바탕으로 학생 개별 맞춤형 수업과 평가를 실행하여야 하기 때문이다. 그러나 이런 교육과정 개정의 취지가 어느 정도 교실에서 실현되는가의 문제는 여전히 학교 교사들의 노력 여하에 달려 있다 하겠다.

　나는 오래전부터 국가 교육과정과 교실 교육과정의 오랜 불일치 문제를 걱정하여왔다. 그리고 그 원인은 각자 교육과정을 바라보는 관점이 다르고 지나친 국가 주도 교육과정 개정으로 인해 교사들의 교육과정에 대한 관심과 이해가 부족해서라고 생각하였다.

　이런 문제점을 해결하기 위해서는 우리나라 교육과정의 개정 배경과 주요 내용을 이해하는 것이 중요하다고 생각되어 해방 이후부터 지금까지 국가 교육과정의 변화를 좀 더 자세히 살펴보기로 하였다. 교사들이 우리나라 교육과정의 개정 배경과 주요 내용을 이해하고 앞으로 교육과정의 변화를 예측한다면, 보다 넓은 관점에서 교육과정 자율성을 발휘하는 교사로 성장하는데 도움이 될 것이라고 생각하기 때문이다.

우리나라 교육과정이 '언제, 무엇이 변화하였는지?'를 초등학교 교육과정을 중심으로 주요 개정 내용만 간략히 살펴보았다.[25]

[해방 이후 ~ 교수요목 시기]
- 미군정청 일반 명령 4호(1945. 9월) 및 미군정청 법령 제6호
  '당분간 국민학교라는 명칭을 쓰는데 전 조선의 공립초등학교는 9월 24일 일제히 개교한다.'
  '조선의 이익에 반하는 과목은 교수하거나 실습하지 아니한다.'
- 학무통첩 제 352호, 학교에 대한 설명과 지침(1945. 10월)
  '한국어 교과서는 제작하는 데 오랜 시간이 걸리기 때문에 학교는 일부 과목에는 교과서가 없고 다른 과목에는 이전 일본어 교과서를 사용'
- 초·중등학교 각과 교수요목집 발표(1946. 10월)

---

25) 한국교육개발원(1998), 앞의 보고서, p.55~121의 내용을 중심으로 해방이후 부터 7차 교육과정까지의 개정 내용을 요약하여 정리함. 또한, 2009 개정 교육과정에서부터 2022개정 교육과정까지는 국가교육과정정보센터에 고시된 우리나라 교육과정 문서를 중심으로 요약하여 정리함.

한마디로 이 시기는 학생들을 가르칠 교과서가 마련되지 못하였고, 교사 부족으로 일제식 교육에서 벗어나는 것과 학교를 개교하는 일 외에는 미군정청이 할 수 있는 것이 없는 임시방편적 교육이었음을 알 수 있다.

[1차 교육과정 시기]
- 문교부령 제35호(1954. 4월), 각급학교 교육과정 시간 배당 기준령 공포
- 문교부령 제44호(1955. 8월), 국민학교 교과과정 공포

1차 교육과정은 교육과정이란 용어를 사용하지만 교수요목의 수준에서 벗어나지 못하였고 교육과정의 정신이나 체계에 관한 총론이 미흡하였다. 그리고 개정 후 1958년까지는 교과서 개편에 치중하였고 교과서 개편 완료 후 바로 2차 교육과정 개발에 들어가 실제로 1차 교육과정은 비정상적인 사회 상태와 제약으로 제대로 적용하지 못하였다. 또한 6·25의 여파로 교과 편제상에는 없지만 연간 35시간 정도를 전 교과 및 기타 교육 활동에 포함시켜 반공 교육 및 도의 교육을 강화하였다. 이것은 교육과정 개편 때마다 이념 교육을 위한 정책적 노력을 기울이는 계기가 되었다.

[2차 교육과정 시기]
- 문교부령 제119호 별책(1963. 2월), '국민학교 교육과정'
  '민주적 신념이 확고하고 반공 정신이 투철하며, 민주적인 생활을 발전시킬 수 있는 인간'(Ⅱ-1 일반 목표 1)

이 시기의 교육과정은 '학생들이 학교의 지도하에 경험하는 모든 학습 활동의 총화를 의미하는 것이다'라고 경험 중심 교육과정의 성격을 분명히 제시하였다. 그리고 교육 체제도 교과, 특별활동에서 교과, 반공 · 도덕 생활, 특별활동으로 바꾸어 반공 · 도덕을 독립적인 교육 활동으로 주당 1시간 배당하여 이념 교육을 강화하였다.

[3차 교육과정 시기]
- 문교부령 제 310호 별책(1973. 2월), '국민학교 교육과정'

3차 교육과정은 학문 중심 교육과정을 표방하고 기본 개념학습을 강조하는 한편 국민교육헌장의 이념 및 반공 · 도덕 교육을 강화하였다. 이를 위해 반공 · 도덕 생활을 도덕 교과에 포함시키고 수업 시간 수를 1시간에서 2시간으로 확대하였다. 학습 부담 증대, 이념 교육 강화로 전인 교육의 한계를 드러냈다.

[4차 교육과정 시기]
- 문교부 고시 제442호(1981. 12월), '국민학교 교육과정'
'도덕, 국민 정신, 언어생활, 건강과 안전, 환경 교육 등은 교육 활동 전반에 걸쳐 이루어지도록 하되…'

이 시기는 3차 교육과정 총론의 국민교육헌장 이념이 삭제되었으나 대신 국민 정신 교육으로 대체되었다. 과도한 학습 부담을 줄이는 교육과정 개편 정책으로 학교생활을 여유 있게 하도록 전인 교육 기반 조성에 노력하였다. 1, 2학년은 이전까지 9개 교과를 배웠으나 교과의 통합화로 도덕, 국어, 사회를 「바른생활」, 산수, 자연은 「슬기로운 생활」, 체육, 음악, 미술은 「즐거운 생활」로 통합하고 3개의 교과만 이수하도록 하였다. 인간 중심 교육을 지향한 결과이다.

[5차 교육과정 시기]
- 문교부 고시 제87-9호(1987. 6월)

이전보다 정치적 요구가 약화된 시기이다. 중앙집권적 교육과정 개발에서 한국교육개발원이 문교부 위촉을 받아 다양한 의견 수렴을 통해 개발하였다. 1학년은 입학 후 「우리들은 1학년」 통합 교과를 도입하고, 「바른생활」, 「슬기로운 생활」, 「즐거운 생활」 통합 교과에서 언어 능력과 수리 능력을 위하여 국어, 산수를 분리하였다. 4학년 사회는 지역 교과서를 개발 활용하도록 하였다.

[6차 교육과정 시기]
- 교육부 고시 제1992-16호(1992. 9월)
'중앙집권형 교육과정을 지방분권형 교육과정으로 전환하여 시·도 교육청과 학교의 자율 재량권을 확대하였다.'

6차 교육과정부터는 교육과정에 관한 권한의 일부를 시·도 교육청 및 학교로 이양하였다. 통합 교과를 조정하여 기본 생활 습관 교육 등은 「바른생활과」로, 사회 현상과 자연 현상을 하나의 주변 환경으로 인식하여 「슬기로운 생활」로 통합하고, 「우리들은 1학년」은 시·도 교육청에서 개발하도록 하였다. 3~6학년은 학교 선택권 확대를 위해 학교 재량시간을 신설하였으며 4~6학년은 주당 평균 시수 32시간을 31시간으로 감축하였다. 교육과정 권한의 일부 이양은 중앙집권적 교육과정 운영에 대한 비판과 교과서의 신성불가침 관념을 흔드는 계기가 되었다.

[7차 교육과정 시기]

- 교육부 고시 제 1997-15호(1997. 12월), 초등학교 교육과정

"교육과정의 합리적 편성과 효율적 운영을 위하여 교원, 교육과정(교과교육) 전문가, 학부모 등이 참여하는 학교 교육과정위원회를 구성하여 운영하며, 이 위원회는 학교장의 교육과정 운영 및 의사 결정에 관한 자문의 역할을 담당한다."

이 시기는 학습자 중심, 현장 중심 교육과정, 학교의 자율성과 책무성을 강화하는 기본 방향을 설정하였다. 학교 교육의 적합성을 높이기 위해 수학은 단계형, 국어, 사회, 과학, 영어는 심화·보충형 수준별 교육과정을 운영하였다. 학교 재량활동은 교과 재량과 창의적 재량활동으로 나누고 초등학교 수업 시수도 주당 2시간 확대하였다. 교육과정이 문서상 수준에

머물지 않도록 학교 현장의 운영 실태를 평가하는 등 교육과정의 최종 책임자는 학교와 교사임을 명문화한 시기였다.

[2007 개정교육과정 시기]
- 교육인적자원부 고시 제 2007-79호(2007. 2월)

이 시기는 9년에 걸친 7차 교육과정 적용으로 개정의 필요성이 요구되었으며, 7차 교육과정의 기본 철학과 체제를 유지하며 수시 개정 체제 도입에 의해 이루어졌다. 총론과 각 교과별 교육과정 개정이 유기적으로 연결되도록 개정하고 교육과정 대강화를 시도하였다. 학교 재량활동은 창의적 재량활동만 운영하도록 하고, 5~6학년 보건 교육을 연간 17시간 실시하며, 영어 수업 시수를 3~4학년은 주당 2시간, 5~6학년은 3시간으로 확대하였다.

[2009 개정 교육과정 시기]
- 교육과학기술부 고시 제 2011-361호 [별책 2], (2011. 8월)

2009 개정 교육과정의 총론과 각론이 동시에 발표된 것은 2011년부터이다. 주5일 수업제 전면 시행으로 수업 일수가 220일에서 190일로 감축되었으며, 학년군 및 교과(군)별 2년간의 기준 수업 시간 수와 학년군 최소 수업 시수 제시, 교과(군)별 20% 범위 내에서 시수 증감, 학기별 집중 이수

제 등 학교 교육 체제를 교육과정 중심으로 개선하기 위해 노력하였다. 무엇보다 학년군·영역별·내용별 성취기준을 제시하여 과정 중심 평가를 도입하는 등 교사 교육과정의 중요성을 인식하는 계기가 되었다.

[2015 개정 교육과정 시기]
- 교육부 고시 제2015-74호(2015. 9월), 초중등학교 교육과정 총론

2015 개정 교육과정은 2009 개정 교육과정을 좀 더 체계화하였다. 학교 교육 활동의 전 과정에서 중점적으로 기르고자 하는 핵심역량 6가지를 제시하고, 핵심개념을 중심으로 학습량을 적정화하는 깊이 있는 학습 방법을 강조하였다. 또한 교육 목표, 교육 내용, 교수·학습 및 평가의 일관성 확보로 학생의 학습과 교사들의 교수·학습 방법을 성찰하도록 하였다. 범교과 학습 주제를 10개로 축소하고 교과별 성취기준을 좀 더 체계화하였으며, 교사 교육과정의 중요성을 본격적으로 강조하기 시작하였다.

[2022 개정 교육과정 시기]
- 교육부 고시 제2022-33호 [별책 1], (2022. 12월)

2022 개정 교육과정은 깊이 있는 학습을 통해 역량 함양, 성취기준에 근거한 교-수-평-기 일체화 등 2015 개정 교육과정의 기조를 유지하면서 디지털 전환, 기후·생태 환경 변화 등 미래 사회의 불확실성에 능동적

으로 대응할 수 있는 주도성 교육과, 언어·수리·디지털 기초소양을 모든 교과를 통해 지도하도록 강조하였다. 3~6학년의 특색 있는 학교자율시간 운영, 1~2학년의 놀이 및 신체 활동 기회 제공, 정보 교육 34시간 배당, 1~2학년의 안전 교육은 교과 및 창의적 체험활동에 통합하여 운영하는 것 등이 주요 내용이다.

지금까지 살펴본 바와 같이 우리나라 교육과정은 사회 변화와 시대적 요구를 반영하여 지속적으로 개정되고 발전하여 왔다. 이러한 교육과정 변화 속에서 어려운 시대를 극복하기 위해 노력해 온 교사들의 투혼을 미루어 짐작해 볼 수 있다.

우리나라 교육과정 변화의 특징은 중앙집권적 교육과정에서 학교 자율성으로의 이동, 정치 이념 교육으로부터 본질적 교육 목적으로 점진적 변화, 교육과정 운영의 자율권과 책임을 학교 및 교사에게 점진적으로 이양하고 있음을 알 수 있다.

물론 이런 과정이 일사불란하게 교사들의 저항 없이 진행된 것은 아니었다. 교육과정이 고시될 때마다 많은 교사들은 경험해 보지도 않은 교육과정의 내용과 방법을 적용하기 위해 갖은 시행착오를 겪으며 변화를 위해 노력하였다. 하지만 이런 노력에도 불구하고 학교가 교육과정의 자율권이나 민주적인 성격을 완전히 획득한 것도 아니다. 여전히 국가는 주도적으로 의견을 수렴하여 교육과정을 개정하고 관리 위주의 운영 방식을 취하고 있다. 그리고 국가가 교육과정 주도권을 학교와 교사들에게 완전히 주더라도 교육과정에 대한 무관심과 안목 부족으로 문서로서 교육과정이 유지되길 바라거나 교과서 중심 교육과정을 선호하는 교사들도 여전히 존재한다. 이처럼 각자 나름대로의 방식으로 교육과정을 바라보며 노력하는 모습들은 획기적인 제도 개선 없이는 앞으로도 변함없을 듯하다.

아무튼 교육과정에 대한 다양한 관점과 운영 방식에도 불구하고 우리나라 교육과정은 민주적이고 자율적으로, 수요자인 학생을 중심에 두고 의미 있는 성장과 변화를 거듭해 온 것은 분명하다. 앞으로 우리에게 주어진 당면 과제는 문서로서의 교육과정 실행 방식을 털어내는 일이다. 그리고 교사들이 교육과정에 대한 애정을 가지고 교육과정 실행의 주체로 삶을 살아가는 일이다. 이와 같은 삶을 살아가는 교사들이 우리나라 초등교육의 역사를 만든다.

교육과정 문해력을 만나다

[교육과정 문해력이 뭐지?]

우리나라처럼 자녀 교육에 돈, 시간, 열정을 쏟아 붓는 나라도 드물다. 수십 년 동안 정책적으로 문제 해결을 위해 노력하여 왔지만 사교육비 지출 통계는 아직도 줄어들지 않고 있다. 교육에 이토록 많은 예산을 쏟아 부었음에도 우리 교육 시스템이 배출하는 인재들은 아직 세계적인 경쟁력을 갖추었다고 말하기 어렵다.

우리나라는 교육 시스템 개선을 위해 14차례나 국가 교육과정을 개정하고 열린교육, 창의성교육, 교육개혁 등의 교육 운동을 펼쳐왔지만 새로운 기술과 교육 방법 도입으로 기존의 교육을 보완하는 수준에 그쳤다. 그러다가 마침내 국가는 교육과정을 전면 개정에서 수시 개정 체제로 급전환하기에 이르렀고 1년에도 몇 번씩 교육과정을 개정 고시하고 있어 국가교육과정정보센터에 들어가 보지 않는 이상 개정 사실조차 모르고 있다.

수시 개정이 본격화된 2011년은 그야말로 교육과정의 대혼란기였다. 나는 이때 교육청에서 교육과정 업무를 담당하였다. 2009 개정 교육과정 적용, 주5일 수업제 전면 시행에 따른 수업 일수 감축, 20% 교과 시수 자율 편성, 집중 이수제 등의 도입으로 어디에 물어도 속시원한 대답을 들을 수 없는 시기였다. 게다가 2009 개정 교육과정에 채 적응도 하기 전에 2015 개정 교육과정이 고시되었다.

이와 같은 급격한 교육과정 변화의 주요 내용에는 경쟁력 있는 미래 사회 인재를 기르기 위한 교사의 교육과정 전문성이 어느 때보다 강조되고 있다. 즉 미래 사회의 경쟁력 있는 인재는 거창한 교육 운동이 아니라 교육과정 전문성을 지닌 훌륭한 교사에 달렸다는 사실을 본격적으로 인식한 것이다. 이것은 경제 발전에 따른 선진국으로의 진입과 동시에 교육 선진국을 향한 국가의 교육 제도 개선 의지도 작용했을 것이라 짐작된다.

그러나 앞에서도 밝혔지만 정책이 교실에서 실현되느냐는 여전히 교사들에게 달려 있다. 높은 교육과정 전문성을 바탕으로 교사들이 새로운 교육과정 정책을 교실에서 실천할 때 정책이 성공할 수 있기 때문이다.

나는 실천적 교육과정 전문성을 갖춘 교사를 만드는 가장 중요한 요소가 교육과정 문해력임을 2011년 처음 알게 되었다. 교육과정 변화의 격동기에 2009 개정 교육과정 연수를 준비하면서 한국교원대 정광순 교수의 교육과정 문해력 강연을 듣고 큰 충격을 받았다. 성취기준을 보며 교과서 집필 관점을 이해하고 신성불가침의 교과서를 비판적으로 해석하며, 교육과정 문서를 읽고 교과서를 뛰어 넘는 재구성 방법을 배우는 일은 놀라운 경험이었다. 그리고 교육과정 문해력이 확보된다면 국가가 추구하는 미래형 수업이 교실에서 실행될 수 있다는 믿음을 가지게 되었다.

[교육과정 문해력 따라하기]

나는 교사들의 교육과정 문해력의 중요성을 인식하고 이것을 정책적으로 지원하기 위한 방법을 고민하면서 100인의 교육과정 전문가 양성 사업을 시작하기로 하였다. 그러나 이것을 추진하기 위해서는 내가 먼저 교육과정 문해력을 제대로 이해할 수 있어야 했다. 나는 후배 교사 몇 명과 함께 정광순 교수의 교육과정 문해력 4단계를 그대로 따라하는 공부를 시작하였다.[26]

1. 교육과정 찾기	국가교육과정정보센터에서 교육과정 찾기 (총론, 교과 교육과정, 창의적 체험활동)
2. 교육과정 읽기 (Reading)	한 장으로 만들기 (코드화하기) 종적으로 읽기-위계 파악하기 횡적으로 읽기-연계 파악하기
3. 교육과정 지도 그리기(Mapping)	나의 교육과정 만들기 코드표, 블록, 게시물 등 다양한 형태로 만들기
4. 교육과정으로 수업하기(Using)	교육과정으로 교과서 판단하기 교육과정 압축/확산하기-단원 및 차시의 학습 초점 잡기 계획-실행-평가에 학생 참여시키기

---

26) 정광순(2012), 「2009 개정 교육과정에 따른 교과 교육과정」, 대구광역시교육청 연수자료.

1단계는 '교육과정 찾기'이다.

그 당시 2009 개정 교육과정은 교육과정 문서를 교육부에서 인쇄된 책자로 보급해 주지 않았다. 잦은 수시 개정으로 그렇게 할 수가 없다는 입장을 나중에 알게 되었다. 우리는 국가교육과정정보센터(http://ncic.go.kr)에 들어가 왼쪽 상단의 우리나라 교육과정에서 최근에 고시된 교육과정 총론과 교과 교육과정 문서를 찾았다. 교과 교육과정이 초·중·고 순으로 연결되어 있어서 분량이 너무 많았다. 자기 학년군에 해당하는 문서만 블럭 저장하고 인쇄하여 활용하기로 하였다.

2단계는 교육과정 읽기 단계이다.

우리는 찾은 문서를 보며 성격, 목표, 내용 체계 및 성취기준, 교수·학습 방법 및 유의점, 평가 방법 및 유의점 순으로 구성된 교과 교육과정 문서를 돌아가며 강독하고 이해가 안 되는 부분은 이야기를 나누었다. 교과 교육과정 문서 체계를 처음으로 자세히 들여다 보게 되었다. 지난해 대구교육연수원에서 중등 교사들이 2022 개정 교육과정 연수를 교과별로 모여 강독하는 모습을 보았다. 교육과정의 주요 내용을 이해하는 방법으로 다소 전통적인 방법이지만 추천하고 싶다.

3단계는 교육과정 맵핑(Mapping) 하기 단계이다.

이 단계는 나의 교육과정을 만드는 단계로 코드표, 블록, 게시물 등 다양한 형태로 만들 수 있음을 배웠지만 아이디어가 필요했다. 우리는 2가지 방법을 고안하였다.

첫 번째는 교과별 성취기준만 골라 교과 및 단원별 성취기준 목록표로 만드는 방법이다. 우수한 교사는 성취기준만으로도 단원의 수업과 평가 장면을 떠올릴 수 있으리라 생각했기 때문이다.

(A형) 3학년 1학기 사회과 맵핑 자료 (성취기준 목록)

주제(단원)	성취기준
1. 우리 고장의 모습	[4사01-01] 우리 마을 또는 고장의 모습을 자유롭게 그려 보고, 서로 비교하여 공통점과 차이점을 찾아 고장에 대한 서로 다른 장소감을 탐색한다. [4사01-02] 디지털 영상 지도 등을 활용하여 주요 지형지물들의 위치를 파악하고, 백지도에 다시 배치하는 활동을 통하여 마을 또는 고장의 실제 모습을 익힌다.
2. 우리가 알아보는 고장 이야기	[4사01-03] 고장과 관련된 옛이야기를 통하여 고장의 역사적인 유래와 특징을 설명한다. [4사01-04] 고장에 전해 내려오는 대표적인 문화유산을 살펴보고 고장에 대한 자긍심을 기른다.
3. 교통과 통신수단의 변화	[4사01-05] 옛날과 오늘날의 교통수단에 관한 자료를 바탕으로 하여 교통수단의 발달에 따른 생활모습의 변화를 설명한다. [4사01-06] 옛날과 오늘날의 통신수단에 관한 자료를 바탕으로 하여 통신수단의 발달에 따른 생활모습의 변화를 설명한다.

A형 맵핑 자료를 보면 3개 단원에 지도할 성취기준 수는 6개이다. 연간 표준 교육과정 운영 기준 주 수는 34주이므로 1학기는 17주로 어림할 수 있다. 사회과는 주당 3시간이므로 17주간 주당 3시간씩 지도하면 1학기 사회과 수업 시수는 51시간이다. 또한 51시간을 6개 성취기준으로 나누면 성취기준 1개를 지도하는데 8시간을 사용할 수 있고 3시간이 남는

다. 남는 3시간은 단원 도입이나 정리 등에 사용할 수 있다. 따라서 우수한 교사라면 단원의 성취기준 목록만으로도 교과서에 빠져들지 않고 학습량을 적정화하며 학습자 중심으로 수업을 설계할 수 있다.

두 번째는 교과서의 단원별 지도 계획과 성취기준을 카드로 만드는 방법이다. B형 맵핑 자료는 교과서 단원의 차시별 학습요소와 쪽수, 차시 배당 등 교과서 집필 내용을 한눈에 조망할 수 있도록 만들었다. 성취기준을 중심으로 교과서를 비판적으로 읽고 단원 재구성에 쉽게 사용할 수 있도록 하기 위해서이다. 이것은 지금도 학교 현장에서 학기 초 교육과정 재구성을 할 때 더 많이 활용하고 있다.

(B형) 3학년 1학기 사회과 맵핑 자료 (성취기준+단원의 지도 계획)

단원	성취기준	학습요소(학습목표)	쪽수	차시
1. 우리 고장의 모습	[4사01-01] 우리 마을 또는 고장의 모습을 자유롭게 그려 보고, 서로 비교하여 공통점과 차이점을 찾아 고장에 대한 서로 다른 장소감을 탐색한다.	고장의 모습 살펴보기	8~10	1
		고장의 여러 장소에서의 경험 이야기하기	11~13	1
		내가 생각하는 고장의 모습 그려보기	14~17	2
		고장의 모습을 그린 그림보고 생각나누기	18~20	1
		주요 용어와 학습 내용 정리 살고 싶은 고장 꾸미기, 우리 고장 주제로 노래 부르기	21~23	2
	[4사01-02] 디지털 영상 지도 등을 활용하여 주요 지형, 지물들의 위치를 파악하고, 백지도에 다시 배치하는 활동을 통하여 마을 또는 고장의 실제 모습을 익힌다.	고장의 주요 장소 살펴보기	24~26	1
		디지털 영상 지도에서 고장의 주요 장소 살펴보기	27~32	2
		고장의 주요 장소 백지도에 나타내기	33~35	2
		자랑할 만한 주요 장소 선정하기	36~38	1
		우리 고장 안내 자료 만들기, 학습 내용 정리	39~41	2
		단원 학습 내용 생각그물 완성하기	42~45	1

4단계는 교육과정으로 수업하기(Using) 단계이다. 즉 성취기준을 중심으로 교-수-평-기를 설계하는 단계이다.

먼저 성취기준으로 교과서 집필 내용의 적절성을 판단해야 한다. 단원에서 지도할 성취기준은 무엇이며 몇 개인지? 차시별 학습요소들은 성취기준 도달에 적절한 활동인지? 단원의 성취기준 1개에 몇 차시를 사용할 수 있는지? 등의 질문을 하며 성취기준을 중심으로 교과서를 해석하고 학습량을 적정화해야 한다.

다음으로 성취기준을 해석하여 학습의 초점을 잡은 후 교과서에 소개된 활동 중 버릴 것, 차시를 늘려야 할 것, 새로운 활동으로 바꾸어야 할 것 등을 정하여 교수·학습 활동을 구상하고 수업과 평가 흐름을 잡는다. 교-수-평-기 일체화를 하는 단계이다.

나는 '교육과정으로 수업하기(Using)'에 대한 교사들의 이해를 돕기 위해 앞의 3학년 1학기 사회과 B형 맵핑 자료를 보면서 다음과 같이 단원을 재구성해 보았다.

먼저 성취기준을 중심으로 교과서를 분석하면, '우리 고장의 모습' 단원은 11개의 차시별 학습요소를 16시간 동안 지도하도록 집필되어 있어 학습량이 매우 많음을 알 수 있다. 다음으로 단원에서 가르쳐야 할 성취기준을 해석하면 '<u>우리 마을에 대한 서로 다른 장소감을 탐색한 후 지도를 활용하여 지형, 지물들의 위치를 파악하고 우리 마을의 실제 모습을 익힌다.</u>'로 2개의 성취기준을 통합하여 명료화 할 수 있다.

나는 명료화한 성취기준을 중심으로 교과서를 재구성하였다. 고장의 모습 그리기(2차시)', '그림보고 생각 나누기(1차시)', '살고 싶은 고장 꾸미기(2차시)'는 성취기준과 관련이 없는 활동이므로 버리기로 하였다. 그리고 '고장의 모습 살펴보기(1차시)', '주요 장소 살펴보기(1차시)'는 비슷한 활동이므로 차시 통합을, 안내 자료 만들어 소개하기는 차시 증배가 적절하다고 생각하고 학습량을 적정화하였다. 그 결과 2개의 성취기준을 12차시 동안 지도할 수 있도록 교-수-평-기가 일체화 되는 단원을 재구성하고, 4차시의 여유 시간도 확보할 수 있었다. 남는 4차시는 학습 속도에 따라 시간을 더 주거나 아이들의 요구를 받아들여 새로운 탐구 활동을 만들거나 다른 교과의 부족한 시간에 활용할 수 있다. 밑줄 친 성취기준을 중심으로 재구성한 수업 흐름을 간단히 정리하면 다음과 같다.

[단원명 : 1. 우리 고장의 모습]

[4사01-01] 우리 마을의 모습을 자유롭게 그려 보고, 서로 비교하여 공통점과 차이점을 찾아 고장에 대한 서로 다른 장소감을 탐색한다.

[4사01-02] 디지털 영상 지도 등을 활용하여 주요 지형, 지물들의 위치를 파악하고, 백지도에 다시 배치하는 활동을 통하여 마을 또는 고장의 실제 모습을 익힌다.

- (1-2/12차시) 우리 마을의 중요한 장소 브레인스토밍하고 이용 경험 나누기
- (3/12차시) 도로만 나타난 백지도 위에 우리 마을의 주요 장소, 지형, 건

물 등 이름을 포스트잇에 써 붙이고 짝에게 서로 소개하기
- (4-6/12차시) 지난 시간 짝과의 설명에 이어, 백지도에 나타낸 우리 마을 주요 장소를 모둠 친구들에게 소개하고 4명이 나타낸 우리 마을 주요 장소의 공통점과 차이점 찾기, 그리고 4명이 선택한 우리 마을 주요 장소나 위치가 서로 다른 이유 찾기

  * 과정 중심 평가 [4사01-01]

- (7-9/12차시) 모둠별로 디지털 영상 지도로 우리 마을의 주요 장소, 지형, 건물 등을 자세히 살펴보며 포스트잇에 이름을 써서 백지도 위에 재배치하기

- (10-12/12차시) 재배치한 백지도를 보며 모둠별로 우리 마을의 주요 지형, 건물, 장소 등을 익히고 우리 마을 소개하기

  * 과정 중심 평가 [4사01-02]

교육과정 문해력을 기반으로 교과서를 들여다보면 교과서에는 버려야 할 활동이 너무 많다는 사실을 알게 되고 그동안 진도 나가기 바쁜 이유가 교과서 중심 수업을 한 것이 원인이었음도 깨닫게 될 것이다. 실제로 나는 단원 재구성을 해보면서 교과서의 활동은 참고만 하고 성취기준을 분석하여 수업의 초점을 잡고 난 후, 옛날 나의 그림지도 수업 장면들을 떠올리며 교-수-평-기 단원을 재구성하였다. 교육과정을 사용할 줄 아는 교실과 그렇지 않은 교실의 모습은 말하지 않아도 수업의 방향과 수준 차이를 짐작할 수 있다.

나는 정광순 교수의 교육과정 문해력 강의 중에서 지금까지 기억나는 질문이 있다.

"교육과정을 재구성하는 교사의 3가지 유형 중 선생님들은 어느 것에 해당한다고 생각하세요?"

A교사 교과서만 아는 교사 (교과서 진도 나가기 교사)
B교사 교육과정만 아는 교사
       (성취기준만 보고 교사가 알아서 재구성하는 교사)
C교사 교육과정을 학생에 맞게 사용할 줄 아는 교사
       (학생 요구에 맞춰서 성취기준을 이수하는 교사)

아직도 우리 교실에는 3가지 수준의 교사들이 모두 존재한다. A교사는 교사가 아니라도 적절한 학생 통제 기술을 익히고 학교 환경에 적응하면 누구나 가르칠 수 있다. 이 유형의 교사는 교육과정 전문가라 할 수 없다. 교사라면 적어도 자기 마음대로 교육과정을 운영한다는 학교 외부의 오해를 불식할 만한 자기 수업 철학을 제시할 수 있어야 한다. 그것이 교육과정 문해력이다. 나는 우리나라 초등학교 교사들이 B교사 → C교사 수준으로 교육과정 문해력이 성장하는 모습을 진심으로 기대하고 있다.

[넓은 의미의 교육과정 문해력을 생각하다]

나는 정광순 교수의 교육과정 문해력 4단계를 상용화하면서 교육과정 문해력을 좀 더 다른 관점에서 생각하게 되었다. 4단계 교육과정 문해력은 초기 단계의 교사들에게 교육과정 문서를 보는 방법과 교과서를 비판적으로 읽고 재구성하는 방법을 이해하는 데 적합하다는 생각이 들었다. 어느 정도 단원이나 프로젝트 학습을 위한 재구성에 익숙해지다 보니 교육과정 문해력 4단계가 순차적이지 않고 거미줄처럼 동시에 작동하거나 1~3단계는 아예 필요가 없기도 하였다. 능숙한 교사들은 맵핑 자료, 성취기준, 내용 체계표만으로도 교-수-평-기 일체화 설계가 가능하였다.

또한 단원을 재구성하고 수업 철학을 만들어야 하는데 이것은 결국 교육과정 문해력 없이는 만들기 어려운 것이다. 수업 철학을 만들 때 교-수-평-기 일체화를 통한 교육 목적뿐 아니라 국가 교육과정의 핵심역량과 미래 인재상과 연결 짓는 일도 간과할 수 없었다. 그리고 교육과정을 재구성하고 실행하고 성찰하는 과정에서 교육과정 문해력이 한층 높아지기 때문에 이런 부분까지도 교육과정 문해력으로 인식되도록, 교육과정 문해력의 의미를 넓혀야 한다는 생각을 하게 되었다.

교육과정 개발과 정책 추진에 드는 막대한 국가 예산이나 우리나라의 미래를 준비하는 교육의 중요성을 고려할 때 교사 개인의 수업 철학이 국가 교육과정에서 추구하는 인재상과 연결되는 것은 지극히 당연한 일이다. 교사들이 국가 교육과정을 기반으로 교사의 수업 철학을 녹여낸다면 그것이 바로 교육과정을 한 방향으로 바라보는 것이고 우리나라 교육과정 정책이 추구하는 목적을 이루는 것이며, 이때 우리 교사들의 입지는 더 확고해질 수가 있다.

나는 2017년부터 이런 생각으로 교육과정 문해력의 개념을 넓게 생각하며 실천해 오다가 나와 같은 생각을 책에서 확인할 수 있었다. 교육과정 문해력을 기능적 문해력의 수준으로 제한하기보다 교육과정에 대한 해석을 통해 교육과정의 타당성을 따지고 필요한 경우 다시 쓸 수 있는 단계까지 포괄하는 능력으로 정의한다는 내용이다.

> "교육과정 문해력은 이러한 대안적 개념 중의 하나로 교사의 교육과정 전문성의 핵심을 드러내는 데 효과적인 용어이다(백남진, 2015). 이론적 논의의 초기에는 문해의 대상인 교육과정 문서에 대한 해석에 초점이 맞춰지면서, 교육과정 문해력은 주로 교육과정 문서를 이해하고 이를 활용하는 능력으로 제한적으로 정의되었다(정광순, 2012; 백남진, 2013). 그러나 '읽기의 차원'에서 교육과정 문해력을 정의하는 것은 초보적이고 낮은 기능적 문해력의 수준으로 교사의 전문성을 제한한다는 점에서 바람직하지 않다. 이와 달리 비판적 문해력의 수준에서는 문해의 대상을 문자 그대로 읽고 이해하는 수준을 넘어서 그 대상이 산출된 사회문화적 맥락에 대한 비판적 성찰과 함께 적극적 개선을 위한 실천 능력까지를 문해력의 범주에 포함한다. 비판적 문해력 패러다임을 토대로, 교사의 교육과정 문해력은 교육과정에 대한 해석을 통해 교육과정의 타당성을 따지고 필요한

경우 다시 쓸 수 있는 단계까지 포괄하는 능력으로 정의할 수 있다. (박윤경 · 김미혜 · 김병수)"[27]

나는 교장이 되어 넓은 의미의 교육과정 문해력을 적용하여 소신껏 장학을 할 수 있다는 점이 무엇보다 좋았다. 교-수-평-기 일체화에서 더 나아가 총론의 인간상, 핵심역량, 교과역량, 내용 체계표, 학교 비전, 학생들의 요구 등을 충분히 고려하여 교사의 수업 철학을 만들 수 있도록 설계와 실행을 지원하였다. 넓은 의미의 교육과정 문해력을 기반으로 국가와 학교, 교사의 수업 철학이 교실에서 아이들과 만날 때 교육 정책은 비로소 성과를 얻게 된다는 것을 경험한 것이다.

---

27) 이혁규(2021), 앞의 책, p.200~201에서 재인용함.

연수는 그냥 연수였다

내가 교육과정 문해력에 열정을 쏟은 이유는 앞의 나의 인생 수업에서 소개한 바와 같이 학습의 준거가 되는 성취기준이 없던 시절, 주제 중심의 탐구수업 재구성이 너무 힘들었다는 기억 때문이다. 그리고 40분 동안 탐구수업의 어려움, 교과서에 제시된 활동 자료의 산만함, 교과 내용의 어려움, 교과서의 내용을 다 가르치지 않는 것에 대한 두려움 등도 이유였다. 이런 문제점을 고민해 온 나로서는 성취기준 중심 교육과정 도입은 교사의 교육과정 자율성과 전문성을 발휘하는 데 큰 걸림돌을 걷어내는 기분이었다.

나는 교육과정 문해력의 중요성을 깨닫고 100인의 교육과정 전문가와 함께 만든 카드형 교육과정 맵핑 자료를 학교에 보급하였다. 단원별로 만들어진 맵핑 자료의 성취기준, 학습요소, 시간 배당을 보면서 교과서 집필자들이 단원을 어떻게 집필하였는지 한 눈에 조망하고 교과서 중심 수업을 벗어나게 하려는 의도였다. 나아가 맵핑 자료를 보면서 교-수-평-

기가 일체화되는 단원 재구성을 할 수 있을 것으로 기대하였다.

　나와 교육과정 전문가들은 퇴근 후 교과별로 모여서 스터디를 하고 재구성한 것을 교실에 적용해 본 후 4~5개 학교씩 담당을 정하였다. 강의를 효율적으로 하기 위해 공동의 강사용 PPT를 만들고 시범 강의를 보며 개별로 강의 연습도 하고 학교의 질문에 대비한 Q&A도 작성하였다. 100인의 교육과정 전문가들은 교과서 비판적 읽기, 교육과정 문서 읽기, 성취기준 중심 단원 재구성에 대한 찾아가는 연수를 시작하였다.

　교육과정 문해력에 대한 개념을 쉽게 이해하고 실천할 수 있도록 정성껏 준비한 연수였기에 기대가 클 수밖에 없었다. 하지만 나의 생각은 크게 빗나갔다. "국가가 만들어 준 교과서를 두고 재구성할 것 같으면 교과서는 뭣 하러 만들어 주느냐."는 항의 전화를 받고 어이가 없기도 잠시, 그런 생각을 하는 교사가 의외로 많다는 사실을 깨닫는 데는 오랜 시간이 걸리지 않았다.

　2014년 학교 교감으로 전직하고 나는 깜짝 놀랐다. 대부분의 교사들은 교과서 성취기준에 대한 개념조차 없이 교과서대로 수업을 하고 있었다. 교육과정 문해력은 그냥 교육청에서 하는 연수일 뿐이었다. 심지어 성취기준 중심의 수업·평가 적용 사례를 만들어 보려고 하니 학교생활이 행복하지 않다고 교장실을 찾아가 하소연 하는 교사도 있었다.

　학교경영의 중심에 아이들을 생각하기보다 '교사의 힘듦' 여부가 정책 실행의 기준인 것을 보면서 관점의 차이에 놀라지 않을 수 없었다. 교과서 중심 교사들의 교육과정 안목을 키우기 위해서 나는 큰 고통을 감내해야 했다. 1년간 교감 생활을 하면서 담임교사 18명 중 4명 정도 교육과정 안목을 키우는 데 그쳤다. 이 정도도 큰 성과라고 하니 학교가 새로운 것을 익히는 데 얼마나 느린지를 실감하였다.

학교는 교육청 주도 연수를 하기는 싫지만 어쩔 수 없이 해야 하는, 마치 아이들이 하기싫은 숙제하듯 생각하는 경향이 있었다. 결국 교사들의 자발적 참여 없이는 교육청의 정책이 성공하기 어렵다는 사실을 새삼 모니터링하는 계기가 되었다. 이후로 나는 교육청에서 각종 정책을 추진하면서 학교로부터 보고된 결과들이 조건에 충족하더라도 내실이 실제로 있는지 확인하는 습관이 하나 더 생겨났다.

그렇다면 10여 년이 지난 지금은 어떨까?

교육청은 지금까지 모든 정책의 전면에 교육과정 중심 학교를 표방하고 교실 변화를 강조하여 왔다. 욕심 팍 낮추고 매년 최하 5% 교사의 교육과정 전문성 신장을 목표로 연수를 실시했다 해도 10년이면 최소한

50% 정도의 교사는 교육과정 문해력 기반 교육과정 전문성을 발휘해야 마땅하다. 그러나 아직도 문서상 교육과정 재구성이나 교사의 개인적인 열정에 교실 수업 변화를 맡기는 경우가 더 많다. 결국 30년 전이나 지금이나 교육을 변화시키는 것은 소수의 열정 넘치는 교사들이었다. 교육과정을 중심으로 수업과 평가를 설계하고 실행하는 일은 꾸준한 실천이 쌓이지 않으면 교육과정 문해력 확보가 어려운데 참으로 걱정이 아닐 수 없다.

교육과정 문해력, 수업에 적용하기

본 사례는 2016년 3학년 S교사와 함께 교육과정 문해력을 기반으로 2015 개정 교육과정을 적용하여 국어과 단원 재구성 방법을 지도한 사례이다. 우리는 교육과정 문해력의 6가지 주요 팁을 중심으로 교-수-평-기 일체화 단원 재구성을 하였다. 만약에 이 사례를 적용해보고 싶다면 다음의 6가지 관점의 교육과정 문해력 활용 팁을 순서대로 적용하지 않아도 됨을 미리 밝혀둔다.

[단원명] 1. 감동을 나누어요 (국어, 3-1학기)

성취기준	학습요소 (학습목표)	교과서 쪽수	차시 배당
문학(1) 짧은 시나 노래를 암송하거나 이야기를 구연한다.	시를 암송하면 좋은 점 알기	국6-11	2
	시를 암송하는 방법 알기	국12-15	2
	시를 암송하기	국16-18	1
문학(6) 작품을 듣거나 읽거나 보고 느낀 점을 다양한 방식으로 표현한다.	이야기를 실감 나게 읽는 방법 알기	국19-25	2
	이야기를 실감 나게 읽기	국26-33	2
	자기가 좋아하는 시를 찾아 암송하고 시 암송회열기	국어활동 8-13	2

첫째, 교육과정 맵핑 카드를 보며 교과서 집필 내용을 분석한다.

이 단원에 배당된 차시는 전체 11차시이다. 문학 영역의 성취기준이 2개이고, 차시별 학습요소(학습목표)는 6개이다. 이때 교사는 '성취기준과 차시별 학습요소(학습목표) 중 어느 것을 기준으로 수업을 설계해야 학습량을 적정화할 수 있을까?'를 생각해야 된다.

Q1 11시간 동안 6개의 차시별 학습요소(학습목표)를 중심으로 수업할까?
Q2 11시간 동안 2개의 성취기준을 중심으로 수업을 할까?
→ 11시간 동안 2개의 성취기준을 지도하는 것이 학습 부담이 적고 딥러닝이 가능하다.

당연하다. 교과서 상단의 아이콘과 함께 제시된 차시별 학습요소 즉 학습목표는 성취기준이 아니라는 사실을 알아야 한다. 교과서 집필자가 성취기준을 세분화한 것뿐이다. 성취기준 중심으로 학습량을 적정화하여야 심층학습이 가능하고 교수·학습 및 평가 부담도 적다.

둘째, 성취기준을 분석한다.

성취기준을 읽어보면 너무 길거나 모호한 것이 있다. 성취기준을 명료화하여 학습의 초점을 분명히 해야 수업 방향이 흔들리지 않는다. 따라서 성취기준을 읽고 필수 학습요소를 찾아야 한다.

성취기준 문학(1)은 '짧은 <u>시나 노래를 암송하거나 이야기를</u> 구연한다.'
↓
(명료화하기) '짧은 시를 암송한다.'

성취기준 문학(6)은 '작품을 듣거나 읽거나 보고 느낀 점을 다양한 방식으로 표현한다.'
↓
(명료화하기) '작품을 읽고 느낀 점을 다양한 방법으로 표현한다.'

위 성취기준의 경우 '시나 노래', '암송하거나 이야기를'에서 '~나'라는 표현은 하나를 선택할 수 있음을 의미한다. 따라서 아이들의 흥미를 고려하여 시와 노래, 암송과 이야기 중 하나를 선택하면 된다. 문학(6)도 '~나'라는 표현이 있으므로 하나를 선택하고 위와 같이 성취기준을 명료화하면 된다.

뿐만 아니라 성취기준이 길게 진술되었거나, 단원 안에 여러 개의 성취기준이 있는 경우에는 반드시 필수 학습요소를 파악한 후, 성취기준을 간결하게 진술하거나 2개의 성취기준을 통합하는 것도 필요하다. 그래야만 학습의 초점이 분명해지고 학습량 적정화가 용이하다.

셋째. 교과 교육과정의 내용 체계표를 분석한다.

2015 개정 국어과 교육과정은 영역별로 내용 체계표가 구성되어 있으며, 핵심개념, 일반화된 지식, 학년(군)별 내용 요소, 기능의 순으로 나타나 있다. 교사는 단원의 성취기준과 내용 체계표의 구성 요소, 교과역량,

핵심역량과의 관련성을 두루 살펴보아야 한다. 그리고 학교 비전과 학생의 요구도 함께 고려하여 수업 설계 방향으로 삼고 교사 수업 철학을 그려야 한다. 이것은 국가 교육과정이 교사 교육과정으로 구현되는 중요한 과정이다. 우리가 찾은 문학(1), 문학(6)과 관련 있는 교육과정 내용 체계표의 주요 내용을 뽑아보면 다음과 같다.

(핵심개념) 문학의 수용과 생산, 문학에 대한 태도
(일반화된 지식) 문학은 다양한 맥락을 바탕으로 하여 작가와 독자가 창의적으로 작품을 생산하고 수용하는 활동이다.
(학습요소) 시 암송, 작품에 대한 생각과 느낌 표현
(기능) 감상 · 비평하기, 공유 · 소통하기
(관련 역량) 문화향유역량, 의사소통역량

그리고 특히 유의할 점은 교수 · 학습 활동을 설계할 때는 반드시 내용 체계표의 '교과 기능'을 경험할 수 있도록 설계해야 한다는 점이다. 예를 들면 이 단원의 교과 기능 중 하나는 '공유 · 소통하기'이다. 따라서 갤러리 워크 활동이나 회전목마 토의는 공유 · 소통하기에 적절한 수업 활동이지만 연꽃 기법으로 생각 정리하기 활동은 단원의 교과 기능과는 거리가 먼 교수 · 학습 설계인 것이다. 아이들은 교과 기능을 경험하는 탐구 활동을 통해 관련 교과역량과 핵심역량을 길러가게 되는 것이다.

2022 개정 교육과정에서는 대강화된 2015 개정 교육과정 내용 체계표

의 문제점을 개선하여, 교과마다 영역별 핵심 아이디어를 제시하고, 기존의 교과 기능을 지식·이해, 과정·기능, 가치·태도로 범주화하여 구체적으로 나타내었다. 따라서 교사들은 성취기준과 내용 체계표를 보고 수업 방향을 설계하기가 한결 쉬워졌다.

넷째, 성취기준 해설을 읽고 교수·학습 활동의 방향과 흐름을 대강 정한다.

사실 성취기준을 보고 교수·학습 활동 아이디어가 떠오르지 않는 경우도 많다. 이런 경우에는 성취기준 해설을 읽어보아야 한다. 이 단원의 성취기준 해설은 국어과 교육과정의 3~4학년군 문학 영역 성취기준을 찾으면 그 아래에 학습요소, 성취기준 해설, 교수·학습 방법 및 유의 사항, 평가 방법 및 유의 사항 순으로 해설이 나타나 있다. 2022 개정 교육과정도 다소 차이는 있지만 이와 같은 방법으로 문서를 찾아 읽으면 된다.

"⑥ 전형적인 감상문 쓰기 외에 인물에게 보내는 편지 쓰기, 일기 쓰기 등으로 활동을 다양화하고, 듣기·말하기와 연계한 작가 혹은 인물과의 가상 인터뷰, 미술 교과와 연계한 그림 그리기 등의 활동을 하도록 한다."

"③ 작품을 선정할 때에는 문자로 기록된 문학에 국한하지 말고 아동극이나 동영상 등도 적극적으로 활용한다."

우리는 이것을 읽으면서 편지, 일기, 그림, 인터뷰 등의 독후 활동 아이디어와 작품 선정 범위 등에 대한 팁을 얻었다. 물론 성취기준 중에는 해설이 없는 것도 있어서 활동 팁을 얻지 못할 수도 있다. 이때는 학생의 요구, 지도서 등을 참조하여 교사가 결정해야 한다.

다섯째, 성취기준 도달을 확인하기 위한 평가 문항과 방법을 설계한다.
평가 문항 설계 시 유의할 점은 수업 장면이 곧 평가 장면이 되도록 설계하는 것이다. 문학(1)은 시 낭송대회, 문학(6)은 책을 읽고 느낌을 편지, 일기 등 다양한 작품으로 표현하고, 서로 소개하는 교수·학습 활동을 하면서, 피드백을 주고 성취기준 도달 증거를 확인할 수 있다. 그리고 평가를 할 때에는 평가 문항과 평가 관점은 단원 시작과 함께 반드시 안내하여 아이들이 '이 단원에서 나는 무엇을 이해하고, 무엇을 할 수 있어야 하는가?'를 미리 알고 적극적으로 학습 활동에 참여하도록 해야 한다. 다음은 수업과 평가 장면이 일체화되도록 작성한 평가 문항의 예이다.

  문학(1) 시 낭송 방법을 알고 시낭송대회에서 실감나게 시를 낭송하는가?
  문학(6) 책을 읽고 생각과 느낀 점을 그림, 편지 등 다양한 방법으로 표현하고 친구들과 공유하는가?

나는 교사들로부터 '모든 성취기준의 도달 정도를 확인해야 하는가?',

'모든 성취기준의 평가 문항마다 평가 루브릭을 만들어야 하는가?'에 대한 질문을 받곤 하였다. 원칙은 당연히 그렇게 해야 한다. 그래야만 초등학교 아이들이 학습 방법을 습득하고 기본 학력을 길러갈 수 있기 때문이다. 나의 이런 대답을 들은 교사들은 대부분 난색을 표하거나 크게 실망하는 모습을 보이곤 하였다. 중등 교사들처럼 한두 교과만 평가하는 것이 아니라 5~10개 교과를 지도하는 특성상 평가할 성취기준 수가 너무 많기 때문이다.

나는 이런 문제점을 보완하기 위하여 우리 학교의 경우 생활기록부 기록을 위한 수행평가 이외에는 평가 루브릭을 권장하지 않았다. 대신, 전 학년 교과별 성취기준 목록을 모은 '함께 성장하는 배움샘 카드'라는 학생 개별 과정 중심 평가 공책을 만들어 주고 성취기준 도달 여부만 학생과 교사가 체크하도록 하는 방법으로 평가의 자율권을 교사에게 맡겼다. 교육과정 문해력이 있는 교사는 교육과정 문서를 통해 수업이 곧 평가가 되는 장면과 평가 루브릭을 머릿속에 그릴 수 있다는 믿음 때문이었다. 그리고 또 하나 강조한 것은 단원 도입 시간에는 반드시 '함께 성장하는 배움샘 카드'를 꺼내고 아이들에게 "이 단원에서 여러분은 무엇을 이

해하고", "무엇을 할 수 있어야 합니다." 라고 평가 장면을 미리 안내해 주도록 하였다. 예를 들면 아이들이 교사로부터 안내받은 평가 방법이 '내가 좋아하는 문학 작품을 읽고 친구에게 소개하기'라면, 아이들은 아래의 '평가 방법'란에 직접 받아 적고 이 단원에서 내가 무엇을 할 수 있어야 하는지 알고 수업에 참여할 수 있었다.

〈과정 중심 평가를 위한 평가 카드〉

6학년 2학기

단원	성취 기준	학 습 요 소	평가방법	도달여부 나	도달여부 선생님	비고
1. 인물의 삶을 찾아서	듣·말(7) 매체를 통한 소통의 특성을 알고, 매체 언어 예절에 맞게 대화한다. 문학(7) 자신의 성장과 삶에 영향을 미치는 작품을 즐겨 읽는 태도를 지닌다. 문학(1) 자신이 좋아하는 문학 작품을 듣고 그 이유를 말한다.	• 좋아하는 문학 작품을 자신의 삶과 관련지어 소개하기	도서관에서 내가 좋아하는 문학작품 읽고 친구에게 소개하기	O	O	

성취기준 도달은 그 단원이 끝난 후 도달되지 못하면 학기 말, 학년 말에도 도달이 가능하도록 하였다. 아이들의 성장을 돕는 것이 평가의 목적이지 정해진 시간에 할 수 있는지를 보는 것이 아니기 때문이다. 그리고 단원 도입 시간에 아이들에게 평가 방법을 미리 안내하기 위해서 가장 중요한 것은, 교사들이 성취기준을 중심으로 단원의 교-수-평-기 일체화를 미리 설계하지 않으면 안 된다는 것이다. 즉 백워드 설계를 해야만 과정 중심 평가가 가능한 것이었다. 나는 이런 경험을 통해 과정 중심 평가의 성공 키 또한 교사들의 교육과정 문해력이며, 교육과정 문해력은 교사

들의 평가 전문성과 자율권을 확보하는 일이라 생각하였다.

여섯째, 지금까지의 교육과정 분석 결과를 토대로 단원의 교수·학습 활동 흐름, 차시별 시간 배당과 순서를 정하고 문서로 정리한다. 그리고 아래 내용을 중심으로 한 번 더 단원 재구성을 검토하는 질문을 스스로 하도록 한다.

- 성취기준에 맞는 수업과 평가인가?
- 교육과정 내용 체계표의 교과 기능에 적합한 수업 활동인가?
- 선생님이 수업을 통해 기르고자 하는 교과역량과 핵심역량은?
- 성취기준 도달 증거 장면(평가 장면)은 적절한가?
- 이 단원 수업을 통해 아이들에게 길러주고자 하는 교육 목적은?

다음은 지금까지 살펴본 넓은 의미의 교육과정 문해력을 기반으로 '감동을 나누어요.(국어, 3-1학기)' 단원을 재구성하고 문서로 정리한 내용이다.

(수업 철학) 이 단원은 시를 암송하고, 책을 읽고 느낌을 나누며 작품을 수용하는 활동을 통해 문화향유역량을 기르도록 설정된 단원이다. 시 낭송대회, 작품에 대한 느낌 표현 활동을 통해 비판적창의적사고력, 의사소통역량을 기를 수 있다. 학생들의 생활과 밀접한 작품을 선정하여 읽고 감동

을 다양한 방법으로 공유하며, 아이들이 진정한 독자로 성장하도록 지도한다.

문학(1) 짧은 시를 암송한다.
- (1-2/6차시) 자기가 좋아하는 시 1편 외우고 친구들에게 낭송해 주기
- (3/6차시) 친구의 시 낭송 듣고 칭찬할 점 찾으면서 시 낭송 방법 알기
- (4/6차시) 외운 시를 시 낭송 방법에 맞게 연습하기
- (5/6차시) 모둠에서 시 낭송하고 모둠 대표 뽑기 (* 과정 중심 평가)
- (6/6차시) 우리반 시 낭송대회 열고 시낭송 감상하고 공유하기

문학(6) 작품을 읽고 느낀 점을 다양한 방식으로 표현한다.
- (1-2/5차시) 내가 좋아하는 책을 1권 선정하여 수업 시간에 읽기
- (3/5차시) 읽은 책의 내용을 소개하고 느낀 점을 표현하는 방법 알아보기
  - 만화, 일기, 편지 등 참고 작품을 보며 느낀 점 표현 방법 알기
- (4-5/5차시) 읽은 책의 내용에 대한 느낌을 표현하고 작품 서로 소개하기
  - 갤러리 워크 활동으로 작품 소개하고 평가하기 (* 과정 중심 평가)

이와 같은 단원 설계안은 기존의 지도안과 많이 다르지만 성취기준 중심의 수업과 평가 흐름을 이해하는 데 부족하지 않을 것이다. 오히려 복

잡한 지도안보다 단원 수준에서 수업과 평가의 큰 그림을 그리는 것이, 지금 교육과정이 추구하는 방향에는 더 적절하다고 생각한다. 물론 나의 지도 사례도 완벽한 것은 아니다. 교사마다 같은 성취기준을 중심으로 하더라도 재구성은 달라지기 마련이다. 그래서 재구성의 준거로서 성취기준이 더 필요하다고 생각한다. 아무튼 교사들의 수업 설계는 이런 넓은 의미의 교육과정 문해력의 관점에서 실행될 때 국가 교육과정이 좀 더 교실 속으로 깊숙이 들어온다는 것은 사실이다.

같은 교육과정, 다른 수업

　누군가 나에게 교장으로 가장 보람 있었던 일을 묻는다면 나는 망설임 없이 교사들의 교육과정 안목을 키워 성장을 도운 일이라고 말할 것이다. 교육과정을 교사와 함께 설계하고 실천하도록 돕는 일은 교장도 함께 아이들을 가르치는 일을 하는 것이다.
　'이렇게 하자', '아니야, 처음 아이디어가 더 좋지.'
　이렇게 왁자지껄하면서 함께 수업을 설계하고 수업 공개를 마친 뒤 활짝 웃는 선생님 모습을 보면 언제나 참 멋있다. 사실 누가 말해주지 않아도 수업의 성공과 실패는 수업자가 가장 잘 안다. 그 선생님의 웃음에는 한 달 아니 몇 달간의 고생, 노력, 성공, 기쁨의 감정이 담겨있는 것이다. 그 순간 나는 '오늘 또 한 사람의 전문가가 탄생했구나!'하며 혼자 흐뭇해한다.
　자주 느끼는 일이지만 요즘 교사들은 지적 수준이 높아서인지 한 걸음 걷는 법을 가르쳐주면 열 걸음을 걷는 모습을 보게 된다. 교육과정 문해력을 기반으로 단원 재구성을 실천해 본 교사들은 이후로는 교과서 중심 수업을 벗어나 스스로 전문가로 성장하는 모습을 볼 수 있었다. 함께했던 교사들 중 2~3명은 개인 사정으로 교육과정 문해력 이해 수준에 머물렀지만 대부분 교사들은 교육과정의 자율성을 발휘하여 동료 교사들을 이끄는 교사로 성장을 거듭하고 있다.

이런 모습을 보면서 나는 신규 교사에 대한 각별한 애정을 지니게 되었다. 첫 단추를 잘못 끼우면 다시 풀어서 끼우면 되지만 신규 교사는 다시 신규로 되돌릴 수 없기 때문이다. 따라서 시작부터 교육과정 문해력을 바르게 지도하여 교육과정 전문가로 성장시키는 것이 교장으로서 내가 할 중요한 책임이라고 생각하였다.

처음 근무한 학교의 문화에 적응하여 편하게 살아가는 태도를 배운 교사는 다음 학교에 가면 '이전 학교는 안 하는데 이 학교는 왜 이런 것을 하죠?' 라며 자신의 관념을 고집하거나 10년 이상 경력에도 교육과정 재구성을 하지 못하고 학년의 누군가가 만들어 주기를 바라는 모습을 우리는 종종 보아왔다. 3년 된 교사와 30년 된 교사의 전문성이 큰 차이가 없음은 첫 학교에서 형성된 학교문화의 영향이 중요한 역할을 함을 알 수 있다.

신규 교사들은 3년 이내 교사로서의 생존 적응을 위해 학교문화를 빠르게 흡수한다. 학생 통제와 수업 기술, 성적 처리 등 학교 교육과정과 업무 처리 절차를 배워 나간다. 업무나 학생 통제는 어느 학교나 비슷하지만 학교문화는 모두 다르다. 따라서 수업 중심 학교문화를 경험한 신규 교사들은 다음 학교에도 수업 연구와 공개를 저항 없이 받아들이게 된다.

반면 그렇지 않은 신규 교사들은 이전 학교에서 경험하지 않은 것에 대한 낯섦으로 소소한 것부터 비교하고 불평을 쏟아내기 시작한다. 따라서 첫 발령지에서의 학교문화는 흡수력이 높은 신규 교사의 삶의 태도에 중요한 영향을 미친다고 볼 수 있다.

다음은 똑같은 교과 단원과 성취기준으로 서로 다른 수업을 한 2명의 신규 교사 지도 사례이다. 2014년 A학교 교감, 2016년 B학교 교장으로 근무할 때 신규 교사 2명이 수업 장학을 위해 선택한 교과와 단원이 공교롭게도 똑같았다. 시기적으로 6월 하순경 이어서 그런듯하였다. 3학년 1학기 도덕, '생명을 존중하는 우리' 단원이다. 성취기준은 같지만 A학교는 식물, B학교는 연못 생태계를 중심으로 생명 존중에 대한 도덕과 수업을 실시하였다.

단원 4. 생명을 존중하는 우리 (3-1학기 도덕)

성취기준	학습요소(학습목표)	교과서	시간
생명 탄생의 신비와 생명의 소중함을 명확하게 알고, 일상생활에서 생명 존중을 적극적으로 실천할 수 있다.	생명을 소중히 여겨야 하는 까닭을 알아보고 생명 존중 마음 가지기	84~89	1차시
	생명을 대하는 바른 태도를 판단하고 실천하기	90~93	1차시
	생명 존중의 사례를 통해 생명 존중의 마음 가짐을 이해하고 실천 의지 다지기	94~99	1차시
	생명을 소중히 여기는 생활 태도를 기르고 실천하기	100~109	1차시

수업 흐름을 이해하기 위해서 교육과정 문해력의 6가지 주요 팁을 중심으로 교육과정을 분석해 보기로 하자. 먼저, 맵핑 자료를 중심으로 교과서를 분석해 보면, 단원의 성취기준은 1개, 차시별 학습요소(학습목표)는 4개이다. 학습목표와 성취기준 중 어느 것을 기준으로 수업을 설계해야 학습량을 적정화 할 수 있을지 이제 대답할 수 있으리라 생각한다.

Q1 : 4시간 동안 4개의 차시별 학습요소(학습목표)를 중심으로 수업을 할까?
Q2 : 4시간 동안 1개의 성취기준을 중심으로 수업을 할까?
→ 당연히 4시간 동안 1개의 성취기준을 지도하는 것이 학습량 적정화이다.

특히 도덕과는 주당 1시간뿐인데 도덕과에 담고자 하는 국가·사회적 요구가 너무 많아 성취기준이 타 교과에 비하여 매우 길게 진술된 특징이 있다. 교과서의 학습 활동도 생명의 원 만들기 활동 등 18쪽에 걸쳐 학습 분량이 매우 많은 것도 이런 이유이다. 실천적 태도를 길러야 하는 도덕과의 목표 구현을 위하여 학습량 적정화는 더 중요하다.

다음으로 성취기준을 분석하면, '생명의 소중함', '생명 존중 실천'이 필수 학습요소이다. 따라서 '생명의 소중함을 알고 생명 존중 실천하기'로 성취기준을 명료화할 수 있다.

교육과정 내용 체계표를 보면, '책임'이란 핵심 가치와 생명 존중에 대한 자기 성찰과 실천 의지를 길러 도덕적 사고 능력, 윤리적 실천 능력을 기르는 것에 주안점을 두고 지도해야 함을 알 수 있다. 또한 수업과 평가의 팁을 얻기 위해 성취기준 해설과 교수·학습 및 평가 방향을 읽어보면,

'생명 존중이 실천되도록 실제 삶 속에서 실천 가능한 내용으로 수업이 진행되도록 해야 한다.', ' 학교마다 자연 생태계를 체험할 수 있는 여건이 다르므로 다양한 자연환경을 활용하는 것이 바람직하다.'는 것을 찾을 수 있다. 그리고 자기 성찰, 실천 의지에 중점을 두는 평가를 하도록 나타나 있다.

이와 같은 교육과정 분석 내용에 따라 같은 성취기준이지만 학교 환경과 아이들 상황에 따라 서로 다른 수업과 평가 방법을 설계하였다. 교육과정 분석 내용을 바탕으로 다음 두 수업 사례를 살펴보기 바란다.

[D 초등학교 A 교사 : 내 사랑 방울토마토]

먼저 교감으로 근무한 D 초등학교에서 경력 2년 차 A 교사와 수업을 한 사례이다. 이 학교는 교사들이 희망하지 않는, 교육 여건이 좀 어려운 지역의 학교였다. 2009 개정 교육과정이 적용되는 시기였고, 2014년 7월 초 신규 교사 임상장학을 앞두고 도덕과 수업을 하겠다는 교사의 선택에 따라 교육과정 문해력 기반으로 재구성 방법을 지도하게 되었다.

당시 A 학교는 전교생이 1인 1화분 식물 가꾸기를 학교 특색으로 하고 있었다. 3학년은 방울토마토를 기르고 있었는데 물주기 당번을 제대로 하지 않고 따먹기만 하여 학교 시설 관리 주사님으로부터 몇 번이나 지도 요청을 받기도 했다.

나는 A 교사에게 아이들이 학교에서 가장 좋아하는 식물이나 동물이 무엇이냐고 물으니 자기 방울토마토 개수를 헤아려 둘 정도로 1인 1화분 가꾸기의 방울토마토를 좋아한다고 하였다. 우리는 1학기 4단원 '생명을 존중하는 우리' 단원은 방울토마토를 중심으로 생명 존중 실천 태도를 지도하는 것이 좋겠다고 의논하고 방울토마토를 주제로 단원을 재구성하였다.

- (1/4차시) 생명 지우기 활동
- (2/4차시) 방울토마토가 생명인 이유 찾기
- (3/4차시) 방울토마토를 지키기 위한 방법 '신호등 토의'하고, 생명 탄생을 축하하는 한 줄 글쓰기
- (4/4차시) 나는야 방울토마토 지키기 달인, 실천 계획 세우기
    * 과정 중심 평가
- (평가 문항) 생명의 소중함을 알고, 방울토마토를 기르기 위한 실천 가능한 계획을 수립하였는가?

1차시에는 먼저 포스트잇에 나에게 가장 소중한 생명 이름과 이유를

10개씩 쓰고 붙인 후 하나만 남기는 활동을 하면서 생명 지우기 활동을 하였다. 그리고 친구, 가족, 애완동물, 부모님 등 모든 생명의 소중함을 이야기 나누는 시간이었다.

2차시에는 모둠별 화이트보드를 주고 방울토마토는 생명인가? 라는 질문과 생명인 증거 찾기 활동을 하고 발표하는 활동을 하였다. 아이들은 열매가 커진다, 초록색에서 빨간색으로 변한다, 사랑해 주면 키가 자란다, 줄기가 굵어진다,

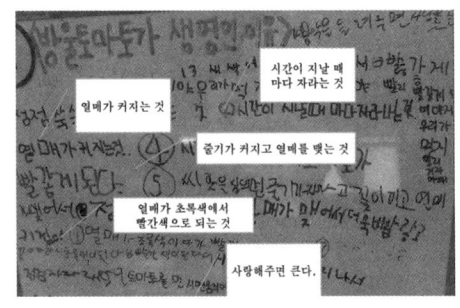
〈방울토마토가 생명인 증거〉

하루 지나면 익어있다, 잎과 줄기가 많이 나고 꽃이 핀다는 등, 방울토마토는 사람처럼 움직이지 않지만 생명이라는 증거를 찾아내었다.

3차시는 1인 1화분 방울토마토를 기르기 위한 의견을 나누기 위해 신호등 토의를 하였다. 방울토마토를 잘 기르기 위한 방법에 대해 의견을 듣고 자신의 입장은 무엇인지 빨강(반대), 노랑(중립), 초록(찬성) 카드를 들며 신호등 토의를 하였다. 우리가 스스로 실천 가능한 방법인가에 관점을 두고 따져보는 시간이었다.

〈방울토마토와 약속 나무〉

토의를 마치고 무관심 속에서도 잘 자라준 씩씩한 방울토마토를 위하여 포스트잇에 생명 탄생을 축하하는 한 줄 글쓰기 활동을 하였다. 쓴 글을 모아 교실 출입문 앞 약속 나무에 붙여두고 여름 방학식까지 방울토마토 가꾸기를 실천하도록 하였다.

마지막 4차시에는 생명 존중을 위한 실천 계획을 세우는 활동을 하였다. '나는 방울토마토 지키기 달인 되기' 실천 계획을 세우고 실천 가능성에 관점을 두고 평가를 하였다. 잔잔하면서 감동적인 수업이었다.

방울토마토 수업을 한 신규 교사는 신규 교사라 하기 어려울 정도로 교육과정 안목이 높아졌으며 2학기부터 진로 프로젝트 학습 41차시를 성취기준 중심으로 재구성하였다. 그리고 우리 학교 교육과정 특화형 모델학교 실천 사례 발표를 멋지게 하여 교육과정 전문가로 도약을 시작하였다.

다만 그 당시 아쉬운 점은 교-수-평-기 일체화에 대한 개념 이해 부족으로 단원 시작부터 학습자들에게 성취기준 도달 증거로서의 평가 장면을 미리 안내하지 못했다는 점이다. 이것은 2017년부터 제대로 실천 적용할 수 있었다.

[N 초등학교 B 교사 : 우리 학교 연못 살리기]

이 학교는 프로젝트 학습 전통이 있는 학교로 모든 교사들이 프로젝트 학습을 실천하지 않으면 안 되는 수업 중심 학교문화가 자리 잡은 학교이다. 교직 경험이 없는 신규 교사가 군 제대 후 2016년 5월에 발령을 받아 왔다. 이 학교 연못에는 부들, 미꾸라지, 개구리 등 다양한 생명체가 살고 있어 아이들이 좋아하는 장소였다. 어느 날 연못 속에 우유를 붓고 쓰레기를 버려 물고기가 죽어서 물 위로 떠있는 장면을 보게 되었다.

마침 6월말 신규 교사 임상장학으로 도덕과 수업을 하겠다는 선택에 따라 교육과정 문해력 기반으로 단원 전체를 PBL 수업으로 함께 설계하게 되었다. 그리고 PBL 수업 실천 사례를 전체 선배 교사들 앞에서 발표하도록 하고 대신 40분 수업 참관은 하지 않기로 하였다. 어차피 교내 자율장학에 의해 수업 공개 2회는 하고 있으니 교사의 표정 발문 등 교육과정 외적인 부분은 그때 지도해도 되기 때문이었다.

오히려 40분 단위 수업보다 한 단원의 차시가 성취기준을 중심으로 교육과정의 일반화된 지식, 학습요소, 기능, 역량 등이 어떻게 수업에서 구현되는지 교육과정 안목을 키워주는 장학을 하고 싶었다. 40분 수업 참관보다 단원 설계와 실행을 중심으로 장학을 한 것은 교장이 되면서 장학권한이 주어진 덕분에 가능한 일이었다. 우리는 학교 연못의 생태계를 활용하여 PBL 수업 4차시로 단원을 새롭게 설계하였다.

- (1/4차시) 학교 안 장소별로 생명인 것을 찾고 생명의 소중함 알기
  PBL 문제 안내 및 과제 수행 계획 세우기
- (2/4차시) 학교 연못 살리기 공모전 참가를 위한 과제 해결 방법 협의
- (3/4차시) 학교 연못 살리기 모둠별 실천 계획 발표 연습하기

- (4/4차시) 실천 계획 발표하기, 과정 중심 평가 및 성찰
- (평가 문항) 생명의 소중함을 알고, 학교 연못의 생명을 지키기 위한 실천 가능한 방법을 발표하는가?

먼저 1차시는 우리 교실, 꽃밭, 연못, 뒤뜰, 운동장 등 우리 학교 장소별로 살고 있는 생명의 종류를 찾아 마인드맵 활동을 하였다. 그리고 학교 안의 작은 생명들도 모두 살아있는 생명이고 소중하다는 것을 이해하는 활동을 하였다. 이어서 과정 중심 평가 카드에

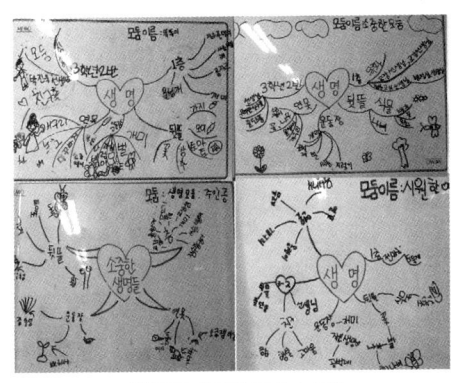

〈방울토마토와 약속 나무〉

이번 단원에서는 '학교 연못 살리기 공모전에 실천 가능한 방법을 제안할 수 있어야 한다.'는 평가 방법을 아이들에게 미리 안내하였다. 그리고 PBL 문제의 실제성을 더하기 위하여 내가 직접 연못 앞에서 연못 살리기 공모전을 개최하는 이유와 참여 방법을 안내하는 모습을 촬영하여 파일을 보내주고 활

〈방울토마토와 약속 나무〉

용하도록 하였다. 그리고 수업 시간에 동영상을 보며 공모전 주제 '생명이 살아 숨 쉬는 우리 학교 연못 만들기'를 안내하고 수업을 마무리하였다.

수업 후 아이들은 공모전 참가를 위해 자투리 시간을 활용하여 연못의 오염 실태 사진을 찍기도 하고, 선생님, 친구들과 면담을 하면서 학교 연못의 문제점 자료 수집을 하였다. 그리고 연못을 지키기 위한 실천 가능한 해결 방법을 고민하기 시작하였다.

2차시에는 개별로 조사한 연못의 문제점을 소개하는 시간을 가진 후 모둠별로 연못 살리기 공모전 참가를 위한 과제 수행 계획서를 작성하였다. 과제 수행 계획서 작성에서 중요한 것은 모둠원에게 하나씩 개별 과제가 공정하게 주어지도록 하여 노는 친구들이 없이 협력하게 하는 것이었다. 캠페인 현수막, 경고문, 편지글, 연못 지킴이 모집, 명함 등 다양한 실천 방법 아이디어를 이야기하고 모둠별로 하나씩 방법을 정하였다.

3차시에는 모둠에서 정한 연못 살리기에 대한 다양한 실천 계획 아이디어를 작품으로 만들고 실천 계획을 소개하기 위한 발표 연습 시간을 주었다. 쉬는 시간도 잊고 서로 가르쳐 주며 참여하였다. 아이들은 연못을 왜, 어떻게 살릴 것인지에 대하여 편지, 주의를 알리는 표지판, 현수막, 명함 등 연못을 지키기 위한 다양한 실천 방법을 만들었고 교사는 부족한 모둠에 피드백을 주며 도왔다. 연습 시간을 주니 피드백도 하기 좋았다.

4차시에는 모둠별로 준비한 공모전 참가 발표를 들으며 공모전 조건과 실천 가능성에 기준을 두고 질의응답을 하며 발표를 하였다. 발표 후 성취기준 도달이 되었는가?에 대한 자기평가와 생명 존중에 대한 성찰의 시간을 가졌다. 수업이 끝나고 열기가 이어져 다음날 아침 아이들은 학교 연못 앞에서 캠페인을 적극적으로 펼치고 단원 수업을 마무리하였다.

수업 후 B 교사는 PBL 수업 실천 과정을 재구성 취지에서부터 수업 실행, 수업 후 성찰까지 전 과정을 PPT로 만들어 선배 교사들 앞에 발표하고 큰 박수를 받았다. 다음은 B 교사의 성찰 소감이다.

"성취기준 중심 수업과 교육과정이 추구하는 수업을 하는 것이 무엇인지 이해하는 소중한 시간이었으며 실제 체험 중심으로 도덕적 실천력을 기르도록 재구성하는 방법을 배웠다. 그리고 교과서를 성취기준으로 해석하는 눈을 크게 뜨게 되었다."

이후 B 교사는 2학기에 우리 학교 대표로 다른 학교 선생님들을 모시고 과학과를 중심으로 교-수-평-기 실천 사례를 발표하여 빠른 성장을 증명해 보였다. 3년 차부터는 교육과정 전문성이 높아져 별도의 신규 장학을 하지 않았으며 창의적으로 수업을 설계하여 나갔다. B 교사는 지금도 다른 학교에서 동료 교사들과 함께 교육과정 전문가 되기 삶을 실천하고 있다.

제4장

이어지는 수업 열정

첫 만남 "교육과정을 준비해 주세요"

내가 안영자 교장선생님을 처음 만난 것은 복직을 한 2014학년도였다. 당시의 나는 신규교사로 발령을 받은 지 1년 만에 군 휴직을 했었고, 3년이 넘는 시간 동안 교직을 떠나있었다. 돌아온 학교 현장이 너무나도 낯설었기 때문에 군대에서 체득한 여러 가지 기술(?)들을 활용해 주먹구구식으로 수업과 학급경영을 해나가느라 바빴던 것으로 기억한다. 교장선생님은 장학사로 계시다가 내가 근무하던 대구덕인초등학교의 교감으로 발령을 받아오셨는데 "너희 학교 이제 고생깨나 하겠구나."라는 주변 사람들의 말에 나도 덩달아 긴장이 되었다.

당장 3월부터 새로운 교감선생님은 학교 현장을 바꾸기 위해 동분서주했지만 내게 체감되는 일은 크게 없었고, 나는 4학년 학생들 앞에서 교과서를 들고 군대에서 겪은 일을 익살스럽게 풀어가며 아이들의 환심을 사는, 이른바 '말을 재미있게 하는 수업'으로 시간을 보내고 있었다. 언제나 그렇듯, 무언가가 깨어지는 것은 한순간이다. 아마 4월쯤이 아니었을까? 내부 메신저로 우리 학년 3명의 선생님들에게 다음과 같은 쪽지가 왔다.

> 보낸 사람 : 안영자
>
> 오늘 오후에 4학년 연구실에서 교육과정에 대해 이야기를 나누고 싶습니다. 4학년 선생님 세 분은 교육과정을 준비해 주세요.

교직 생활 3년 차 1명, 2년 차 2명으로 구성된 우리 학년 선생님들은 갑작스러운 날벼락에 난리가 나서는 "대체 왜 오시는 거지?", "왜 하필 우리지?" 따위의 의미 없는 말을 주고받으며 발을 동동 구르다가,

"그런데 교육과정을 준비한다는 말이 무슨 말일까요?"

라는 학년부장님의 말에 고민에 빠졌다. 교육과정? 지도서도 아니고, 교과서도 아니고 왜 교육과정을 준비하라고 한 걸까?

"지도서를 준비합시다. 전 교과 지도서 한 권씩 연구실 책상에 깔아놓으면 되겠지, 뭐."

지도서를 찾으며 영어 교과의 지도서가 링 제본이 되어 있는 것을 처음 보게 되었고, 이게 지도서가 맞니 아니니 하는 짧은 해프닝을 겪은 후에 우리는 9개 교과의 지도서가 놓인 교사 연구실 책상 앞에서 당시 안영자 교감선생님을 마주하였다.

"혹시 교육과정 문서는 없나요?"

교감선생님의 안경 속 눈빛이 지금도 선명하게 기억이 난다.

"지도서에 교육과정이 들어있으니... 지도서를 준비하라는 뜻 아닌가요...?"

군필자의 객기였을까, 괜히 대답을 한번 해보았다가 그날 정말 크게 혼이 났다. 지금도 입버릇처럼 이야기하시는, '1급 정교사 자격증 하나 믿고, 아무런 연구도 하지 않고 교육을 하는 것은 아이들에게 미안해야 하는 일이다!' 등의 쓴소리를 한참 듣고 나서 우리는 '국가교육과정정보센터'에 접속하였다.

지금 임용 공부를 하는 사람들은 오히려 잘 알고 있지만 당시의 교사들에게는 참 낯선 홈페이지였다. 회식을 하고 술에 취해 집 주소를 까먹는 한이 있어도 이 주소를 잊어서는 안 된다고 말하는 교감선생님과, 정말로 술에 취해 아파트 옆 동에 가서 한참 동안이나 벨을 누르는 한이 있어도 저 주소를 까먹지 않는, 교육과정에 대해 아무것도 몰랐던 신규 교사의 교감 선생님과 첫 만남이었다.

성장의 시작 **"창의적 체험활동으로 하면 되지!"**

　그렇게 교감선생님의 지도를 통해 교육과정이 무엇인지, 어디에서 확인할 수 있는지 알게 되었지만 그것이 당장 오늘 나의 수업이 달라진다는 의미는 아니었다. 4월에 그런 일이 있었지만 5월에도, 6월에도 나의 수업은 크게 달라지지 않았다. 교육과정이 어디에 있는지는 알게 되었지만 여전히 나는 아이들의 관심이 줄어들 때마다 우스운 이야기로 흥미를 유발하며 수업을 이어 나가기 바쁜, 그런 교사였다.

　"1학기가 끝나기 전에 신규 장학을 합시다."

　교감선생님의 말을 듣자마자 그 신규 장학은 흔히 학교 현장에서 하는 교장, 교감선생님만 잠시 들어와 수업을 '참관'하는 수준에 그치는 그런 장학이 아니라는 것을 직감했다. 하지만 각종 학교 행사 등에 밀려 장학 날짜가 나오질 않았고, 그 사이에 진도는 쭉쭉 나가 어느덧 여름방학이 한 달도 채 남지 않게 되었다. 당시 학교에는 나보다 후배인 교사들이 네 명이나 있었는데 우리는 마치 나라를 걱정하는 어벤져스처럼 모여 우리의 신규 장학 이야기를 하곤 했다.

"내가, 이제 방학까지 얼마 남지 않아 진도도 거의 다 나갔으니 2학기에 장학을 하자고 담판을 짓고 올게!"

어디서 얻은 용기였는지 후배들의 지지를 받으며 교무실로 향하던 나는, 반대로 신규 장학 날짜를 더는 미룰 수 없으니 바로 시작하자고 우리 교실을 향해 오시던 교감선생님과 계단에서 만나게 되었다.

"남은 단원이 그것밖에 없어? 그럼 과학이랑 창체랑 같이 엮어서 주제를 하나 잡고 '미니 프로젝트 학습'을 하면 되겠네. 이번에 손 선생님은 프로젝트 학습을 신규 장학으로 하고, 협력학습 선도학교 대외 수업 공개를 한번 해보자."

그리고 풀이 죽어 교무실을 나서는 나를 다시 부르시더니,

"혹시 '거꾸로 교실'이라는 것 들어봤나? 수업 시간이 부족하면 거꾸로 교실을 한번 해보는 것은 어때?"

가끔 나는 연수나 컨설팅을 나가면 '혹 떼러 갔다가 혹을 붙이고 온' 이 이야기를 하곤 한다. 물론 나중에는 이것이 혹이 아니라 도깨비방망이와 같다는 것을 알게 되었지만 말이다.

결국 나는 여름방학을 2주 앞두고 대외 수업 공개로 'ECO 덕인 어린이'라는 미니 프로젝트 학습을 하게 되었다. 프로젝트 학습이라는 용어 자체가 낯설던 시기였기 때문에 이것은 나에게는 정말 큰 도전이었다. 당시의 수업 사례를 이제 다시 보니 정말 어설프고 단편적인 프로젝트 학습이라는 생각이 들지만 이것은 마치 나의 수업 성장의 습작과도 같은 것이기에 최대한 수정 없이 소개하고자 한다.

1. 거꾸로 교실(Flipped Learning)이란?

거꾸로 교실이란 교사의 강의 내용을 동영상 자료로 제작하여 웹플랫폼에 제공하면 학습자는 미리 집에서 학습하고 교실에서는 미리 학습한 개념을 문제 해결에 적용, 실험, 토론 등 학생 참여형 협력학습을 용이하게 해주는 신개념 학습 방법이다.

2. 재구성 이유

'ECO 덕인 어린이'라는 프로젝트는 소통, 도전, 자율이라는 인성 덕목을 중심으로 여러 교과의 연계를 통해 재구성했다. 학교 주변의 실태를 확인하며 '환경 문제'라는 사회 문제에 관심을 가지고, 주도적으로 환경을 보전하기 위해 노력하는 '도전'의 경험을 제공함으로써 환경 보전에 대한 지·덕·체를 갖춘 전인을 양성하고자 했다. 이를 위해 창의적 체험활동, 국어, 수학, 사회, 과학, 미술 등 6개 교과의 연계를 시도했다.

3. 프로젝트 학습 활동망 작성하기

총 15차시로 구성하였으며 관련 교과와 성취기준은 아래와 같다.

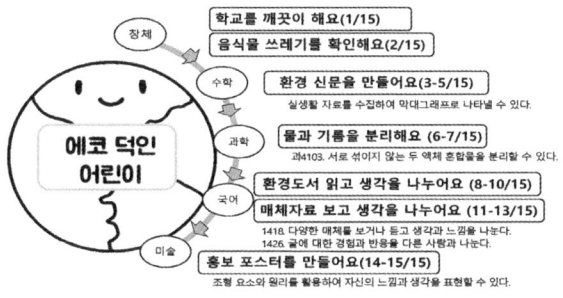

4. 프로젝트 학습 실행하기

(1~2차시), 프로젝트 주제 안내 및 실태 파악하기(창체)

#1 Flipped class로 미리 학습해오기

집에서 영상을 만들어 학교 홈페이지 거꾸로 교실 메뉴에 탑재한 후 과제로 영상을 보고 오게 했다. 프로젝트 학습 전반에 대한 안내와 목표를 제시했다. 처음 영상을 찍으니 어색해서 몇 차례나 다시 찍었다.

#2 학교 주변의 환경 실태 확인하기

직접 학교 안을 돌아다니며 아이들과 함께 쓰레기를 주웠다. 쓰레기를 한 곳에 모아놓고 보니 아이들도 사태의 심각성을 깨달은 듯 웅성웅성 소란스러웠다. 사전에 협조를 구한 후 급식실, 행정실에 들러 음식물 쓰레기양과 1년간 에너지 소비량, 수도 소비량에 대해 인터뷰를 했다.

(3~5차시), 환경 신문 만들기(수학)

막대 그래프를 이용하여 환경 신문 만들기

학교에서 얻은 자료를 활용하여 막대 그래

프를 그리는 활동을 했다. 막대 그래프는 개별 활동으로, 환경 신문은 모둠 활동으로 진행했다. 신문을 잘 꾸미기보다 막대 그래프를 잘 활용하는 것에 초점을 맞추었다.

(6~7차시), 물과 기름 분리하기(과학)

물과 기름 분리하기

거꾸로 교실을 통해 '태안반도 기름 유출 사고'를 소개하고 실험 준비물만 안내했다. 실험 방법은 학생들이 집에서 스스로 설계했다. 각자 설계해 온 실험 과정을 모둠 토의를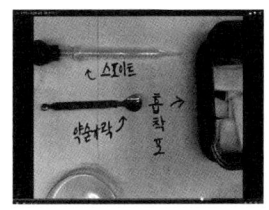
통해 공유하고 모둠별로 실험을 설계하여 물과 기름을 분리했다. 흡착포, 스포이트, 약수저 등을 이용하여 상황별로 가장 적합한 분리 방법을 알아보았고 모둠별로 개별 피드백을 했다.

(8~13차시), 도서, 매체 자료를 보고 생각과 느낌 나누기(국어)

환경 관련 도서, 매체 자료를 읽고 생각과 느낌 나누기

도서는 각자 준비한 것이나 교사가 도서관에서 빌린 책 중 선택해서 읽게 했다. 수업 시간에 책을 읽는 것에 대해 거부감이 있었는데 훗날 '한 학기 한 권 읽기'가 적용되는 것을 보고 괜찮은 활동이라는 생각을 했다.

(14~15차시), 에코 덕인 어린이 홍보 포스터 만들기(미술)

자료를 활용하여 홍보 포스터 만들기

컴퓨터실에 가서 2시간 동안 홍보 포스터를 만들었다. 거꾸로 교실을 통해 그림판 사용법을 사전에 학습함으로써 활동 시간이 확보되었고 미니 프로젝트 치고는 굉장히 수준 높은 작품을 만들 수 있었다.

이 수업을 설계해서 실행하고, 사례를 정리하여 대외 수업 공개 협의회에서 사례를 소개하기까지 많은 시간을 교감선생님과 함께 보냈다. 어떤 날에는 거꾸로 교실이 무엇인지 미리 공부하셔서 나에게 알려주시기도 하셨고, 주제망을 짤 때 평가는 어떻게 할 것인지, 도서 선정은 어떻게 할 것인지 함께 논의하기도 했다. 그리고 진짜 프로젝트 학습이 제대로 되려면 15차시로는 부족하다는 말씀도 자주 하셨다.

거꾸로 교실이 우리나라에서 처음으로 소개되었던 시기였고, 학교마다 형식상 하는 프로젝트 학습이 많았기 때문인지 몰라도 이날의 수업 공개와 사례 발표는 성공적으로 끝이 났다. 한동안 나는 초등학교, 중학교 할 것 없이 거꾸로 교실 프로젝트 학습을 소개하기 위한 강의를 거의 매일같이 나가게 되었는데 "와, 나는 앞으로 네 매니저만 해도 되겠다."라고 말씀하시며 환히 웃으시던 교감선생님의 얼굴이 종종 생각이 난다. 무엇이 그렇게 즐거우셨을까? 그래봐야 자신이 아닌 다른 교사의 성장일 뿐이었는데 말이다.

교사의 길 **시간의 밀도**

2014학년도 2학기에는 과학, 도덕, 미술, 음악 교과를 연계하여 소리의 원리를 탐구하는 '환상의 하모니'라는 프로젝트 학습을 한 번 더 하게 되었다. 1학기에 한 번 해보았다고 나름 자신이 붙어서 거꾸로 교실 영상도 공을 들여 만들고 '소리'라는 키워드를 중심으로 미술과 음악 교과를 적극 활용하여 간이 악기를 만들어 합주를 해보는 등, 신이 나서 수업을 해나갔다. 수업이 본격적으로 달라지기 시작한 것도 이때부터였다. 교사가 말을 재미있게 하고 극적으로 수업을 이어가면 그것이 좋은 수업이라고 생각했었는데, 그때 과연 아이들은 어떤 주도성을 가지고 있었을까? 하는 반성이 되었다. 소리를 전달하는 원리를 탐구하는 아이들의 눈빛은 더없이 반짝거렸고, 어설프지만 진지하게 토의에 참여했다.

　수업의 주인공은 교사가 아니라 학생이어야 한다는 생각을 한 것도 이 때쯤이고, 그런 수업을 하기 위해 많은 연수를 찾아 들으며 '교사로서 성장하는' 기회가 된 것도 이때쯤이다. 하브루타 연수를 듣고 수업에 적용하며 아이들의 대화가 끊임없이 이어지는 탐구 과정을 목격하기도 했고, 어떻게 하면 학생들이 '자기 주도'까지는 안 되더라도 '자기 조절'을 해가며 수업에 적극성을 가지게 할지 연구하기도 했다. 수업이 즐거웠고, 수업 공개가 기다려졌다. 학부모들과 소통하는 것에 더 자신감이 생겼고, 업무가 조금 버거워도 수업으로 우뚝 서는 듯한 느낌이 들었다. 이제 더 이상 학교는 나에게 힘들고 버티는 직장이 아니게 되었다.

　하지만 2014학년도가 끝나며 1년 만에 안영자 교감선생님은 다시 교육청으로 발령을 받아 가게 되었고, 나는 교사로서는 조금 정체되는 시기를 맞이하게 되었다. 그 정체의 이유는 아이러니하게도 '과거의 작은 성공'이었다. '신규 교사이지만 나는 이런 수업까지 해봤다.'는 자만심에, 수업을 더 연구하기보다 내가 해봤던 수업에 대해 자랑하기에 급급했던 것이다.

그렇게 3년의 시간이 흘러갔고, 나름 연수를 찾아 듣는다거나 강의를 하기도 했지만 2014년과는 비교할 수 없는 밀도의 삶을 살게 되었다. 어쩐지 조바심이 났다. 생활부장 업무를 맡으며 나름의 창의성을 발휘하며 이런저런 일을 추진하기도 했는데 그렇다고 조바심과 갈증이 해소되지는 않았다. 그저 익숙해질 뿐이었다. 선배 교사들은 술자리에서 승진을 하기 위해 꼭 쌓아야 하는 점수에 대해 알려주었고, 그 순간부터 나는 오늘을 사는 것이 아니라 관리자가 된 이후의 삶을 위해 현재를 '소모'하는 듯한 느낌이 들기도 했다.

그러다 내가 학교를 옮길 때가 되었을 때, 안영자 교감선생님은 학교가 그립다며 남대구초등학교 공모 교장으로 근무를 하고 계셨다. 남대구초등학교는 프로젝트 학습을 오랫동안 해 온 학교라는 것을 나도 알고 있었고, 학교 규모가 작아 교사들이 아주 힘든 학교라는 소문이 나 있었기 때문에 "너 우리 학교에 올래?"라는 교장선생님의 권유에 선뜻 대답이 나오지 않았다. 딸아이가 어려 손이 많이 가는 시기이기도 했고, 이미 3년간 타성에 젖은 나의 마음은 힘든 길을 향하고 싶지 않기도 했다. 이렇게 흔들리는 나의 마음을 아셨는지, 교장선생님은 남대구초등학교의 프로젝트 학습 수업 공개를 보러 오라고 하셨다. 그리고 그곳에서 나보다도 더 어린 후배 교사들이, 나보다도 더 맑은 눈빛으로 수업을 하는 모습을 보게 되었다. 어딘가 뒤처지는 듯한 나의 조바심의 원인을 찾은 것만 같았다.

결국 나는 남대구초등학교로 전근을 가게 되었다. 다른 사람들은 무슨 부장이니, 무슨 점수니 하는 조건을 달고 이동을 하는데 내가 약속받은 것은 학생들이 모둠활동을 할 때 사용할 모둠 화이트보드를 모둠 수대로 사주겠다는 것이었다.

"이거 아무한테도 안 사준 건데, 너니까 사주는 거야! 와서 수업 진짜 열심히 해야 해!"

그렇게 다시 시간의 밀도가 다른 곳으로, 나는 이동했다.

여담으로, 나는 "그런 수업 나도 예전에 많이 해봤어. 그런데 결국 그게 다 똑같아!"라는 선배 교사들의 말을 굉장히 싫어하는데 그 이유는 아마도 내가 갈피를 잡지 못하고 '작은 성공'에 기대어 허투루 보낸 그 시간이 못내 아쉽기 때문이 아닌가 싶다.

교과 내 재구성 한 학기에 하나씩만

　2018년. 남대구초의 첫해는 미리 짐작하고 예상한 것보다 더 가혹함과 동시에 교사로서의 더 의미 있는 삶을 사는 법을 배운 즐거운 시간이기도 했다. 대구광역시교육청에서는 '수업연구대회'를 운영하고 있는데, 교과별로 수업 지도안과 수업 장면을 심사해서 등급을 주는 대회였다. 남대구초등학교로 오기 직전에 국어과로 대회를 나가서 2등급을 받았었기 때문에 이제는 남대구초등학교에서 날개를 달고 1등급을 받겠지 하던 기대는 예선 탈락이라는 결과로 산산조각이 났다.

　탈락으로 힘든 마음을 추슬러가며 학생들을 인솔해서 생존수영 체험학습을 출발하는 길이었다. 출장 인사차 교장실에 들렀는데 교장선생님께서 "애들 수영할 때 틈틈이 이것 한번 읽어보렴." 하시며 종이를 한 뭉치 쥐어 주셨다. 그 종이에는 '과정 중심 평가'라는 제목과 함께 4학년 국어 1개 단원의 차시 내용과 함께 성취기준 3개가 적혀 있었다.

[성취기준]

[4국05-03] 이야기의 흐름을 파악하여 이어질 내용을 상상하고 표현한다.

[4국03-05] 쓰기에 자신감을 갖고 자신의 글을 적극적으로 나누는 태도를 지닌다.

[4국05-05] 재미나 감동을 느끼며 작품을 즐겨 감상하는 태도를 지닌다.

"학생들이 성취기준의 어디쯤 도달했는지, 학생마다 어떤 도움을 줄지 생각해서 수업을 한번 계획해 봐. 일주일 동안 아이들은 생존수영, 너는 가서 머릿속으로 수업 연구!"

솔직히 수영장 소독약 냄새를 맡으며 수업 계획을 짜라는 이야기가 달갑지 않았던 것이 사실이다. 하지만 생존수영 현장체험학습은 수영 강사가 따로 있어서 학생 안전 지도 외에는 크게 교사가 할 수 있는 일이 없고, 당시에 학교에서 혼자서만 수업연구대회 예선에 탈락했던지라 초조하던 차였다. 어느새 지도서가 없어도 교육과정만 살펴보아도 어느 정도 수업을 계획할 수 있을 정도로 성장해 있었다.

수영장에 교육과정 문서를 가져가서 5일 동안 2015개정 교육과정을 더 자세히 살펴보게 되었다. 평소 교장선생님께 교육과정 문해력에 대해 배운 내용과 연결 지으면서 교과의 성격, 교육과정의 내용 체계표, 성취기준 해설, 교수·학습 방법 및 유의 사항, 평가 방법 및 유의 사항 등을 읽으며 지금까지와는 좀 더 다른 안목으로 단원 재구성을 접근할 수 있었다. 단원의 제목은 '5. 내가 만든 이야기'이다.

교과서의 내용을 모른 채로 위의 3개의 성취기준에 도달시키려면 여러 이야기를 읽기보다 하나의 긴 이야기를 읽는 것이 좋지 않을까 하는 생각이 들었다. 나중에 교과서를 살펴보니 여러 편의 짧은 글을 읽으며 흐름을 파악하도록 하는 구성으로 되어 있었는데 이게 과연 글의 흐름을 파악하는 데 유용할까 의구심이 들었다.

수영장에서 반바지를 입은 채로, 4학년 아이들이 끝까지 읽으며 흐름을 파악하기 좋을 것 같은 책을 스마트 폰으로 검색했다. 인터넷에 나오는 4학년 권장 도서는 우리 학교 학생들의 수준에 다소 어려울 것 같아서 3학년 권장 도서를 쭈욱 찾아봤다. 인터넷 창을 내리다가「마법사 똥맨」[28]이라는 책 제목이 눈에 걸렸다. '마법사'와 '똥'이라니! 어릴 적, 이제 그만 자라는 어머니의 꾸중에도 이불 속에서 손전등을 켜고 몰래 읽던 나의 최애 동화책도 저런 제목을 가지고 있었는데! 책의 줄거리를 살펴보니 학교에서 큰일(?)을 치르기 어려운, 우리반 개구쟁이들에게 공감이 되는 이야기일 것 같아서 이 책으로 마음을 정했다.

첫날 체험학습을 마치고 학생들을 데리고 학교로 오자마자 교장실로 향했다.

"수업은 좀 짰니?"

"네, 저는 한 권의 책을 한번 읽혀 보려구요."

"교과서를 보니『구름공항』이라는 글자 없는 그림책이 첫 차시에 나오

---

28) 송언(2008), 창비.

더라. 그러니 교과서 가지고 수업하지 말고, 그림책을 대여해서 한 권을 다 읽고 하는 것은 어때?"

나를 수영장에 보내놓고도 우리 교장선생님은 나와 다른 곳에서 함께 수업 연구를 하고 계셨다.

멈춰있던 시간이 다시 흘러가는 듯한 느낌이 들었다. '환상의 하모니' 프로젝트 학습 이후로 그저 정체되어 있다는 느낌으로 지내다가 이 수업을 통해 다시 교사로서 성장하고 성숙해질 것만 같다는 느낌이 들었다. 이 수업을 계획하기에 5일간의 체험학습은 마냥 길지만은 않았다. 아이들은 열심히 생존수영을 익혔고, 나는 매일 아이들을 지켜보며 단원 지도 계획을 짰다. 교장실에서는 내가 매일 끄적여서 건네 드린 지도 계획을 펼쳐놓고 협의회가 이루어졌다.

"글 읽는 속도가 느린 아이는 어떻게 할 거야?"

"자기 수준별로 책을 읽게 하고, 남는 시간에는 질문을 만들어서 해결하면 어떨까요?"

"너 회전목마 토의를 해 본 적 있니?"

이렇게 머리를 맞대고 작성한 단원의 지도 계획은 다음과 같다. 교과서 내용과는 전혀 다른, 완전한 재구성이었다.

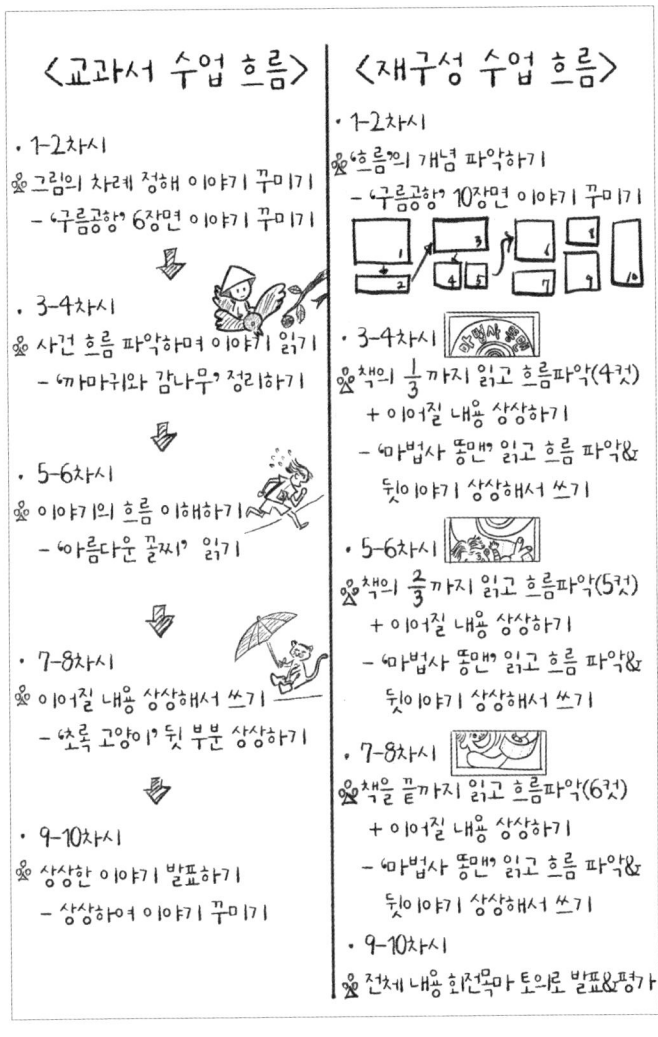

『구름공항』 그림책은 글자가 없기에 오히려 흐름을 만들어 보는 활동을 하기에 좋았다. 인터넷을 뒤지다가 우연히 알게 된 '이야기 카드'라는 수업 도구를 활용해서 아침시간마다 '이야기 이어가기' 놀이를 하며 자신만

의 이야기를 만들게 했다. 기발한 상상력이 초점이 아니라 흐름이 자연스러운지를 살피도록 했다. 상호평가의 기준을 제시한 것이다. 그랬더니 '목소리가 작다', '이야기가 재미있다' 등의 피드백이 줄어들고 '앞에서 건물로 올라갔는데 뒤에 그 이야기가 사라진 이유가 있나요?' 등의 질의응답을 하기 시작했다. 아이들의 변화는 정말로 신기했다. 내 수업이 바뀌면 귀신같이 아이들도 바뀌었다.

수업 공개를 지켜본 동료 선생님들의 반응도 굉장히 좋았다. 나의 초빙 조건이었던 모둠별 화이트보드에 대해서도 유용하다는 의견도 많았다. 이야기를 나눌 공간이 있어야 이야기를 더 잘 나눈다는 생각이 공감을 얻어 결국 남대구초등학교의 모든 교실에 모둠별 화이트보드가 들어섰다. 칠판은 아무리 아이들에게 사용할 수 있도록 한다 해도 선생님의 것이다. 아이들에게는 거리가 멀고, 공식적인 공간이다. 그에 비해 '이건 우리 거야'라는 생각이 들게 하는 모둠별 화이트보드는 학생들이 더 주도적으로, 더 자유롭게 자신의 생각을 공유하는 장이 되어 주었다.

연습이 끝나고 이제 본격적으로 『마법사 똥맨』을 읽으며 글의 흐름을 파악할 때가 되었다. 책은 3일에 걸쳐 수업 시간 안에 읽었다. 하루에 2차시씩 수업을 진행했는데 한 차시 40분 동안은 자신의 수준에 맞는 방법으로 책을 읽었다.

"선생님과 함께 접은 쪽 뒤로는 절대로 읽으면 안 돼!"

평소라면 읽으라고 해도 안 읽을 녀석들이, 읽지 말라고 하니 조금만 더 읽게 해달라고 아우성이었다.

뒤의 40분은 글과 관련된 질문을 만들고, 이야기의 흐름을 파악해서 4컷, 5컷, 6컷 등으로 요약을 하게 했다. 첫날은 글의 시작부터 1/3 지점까지를 4컷으로, 다음 날은 글의 시작부터 2/3 지점까지를 5컷으로, 마지막 날은 글의 시작부터 끝까지를 6컷으로 요약해야 하기 때문에 덜 중요한 사건들은 자연스럽게 탈락했고, 아이들은 무엇이 더 중요한 사건인지를 파악하기 위해 열중했다.

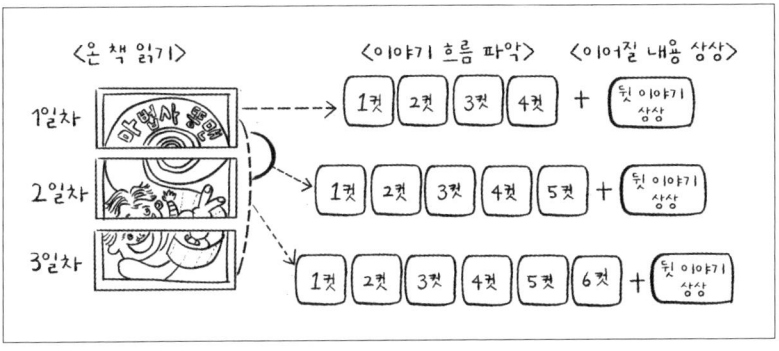

요약이 끝난 학생은 아직 읽지 않은 뒷부분의 이야기를 상상해서 쓰게 했다. 다음 날 책을 펼 때마다 자신이 상상한 이야기와 얼마나 일치하는지를 확인하며 소리를 치기도 하고, "와, 이런 식이라고?"라는 혼잣말을 하기도 했다. 책을 끝까지 읽은 날에는 책에 드러나지 않은 이야기를 상상해서 써보았다. 자신들이 열심히 요약하며 파악한 '흐름'을 놓치고 싶지 않은 애착 때문일까, 자유 상상이 아닌 또 다른 꼬마 작가가 되어 진지하게 활동에 참여했다. 수업이 진행될수록 아이들이 성장했고, 그것을 지켜보며 피드백을 해나가는 나 역시 성장했음을 느꼈다. 기뻤다.

종이컵에 '질문통'이라고 매직펜으로 크게 적어 모둠 책상 가운데 올려두었다. 책과 관련된 질문을 몇 가지 만들어 A4용지에 인쇄하고 칼로 잘라 넣어두었다. 질문이 적혀 있지 않은 빈 종이도 몇 장 넣어두었다. 책을 빨리 읽은 학생들은 질문통에 담겨 있는 질문을 읽고 답을 쓰거나, 질문을 새로 만들어서 질문통에 넣었다. 이 활동을 준비하며 텍스트 안에서 답을 찾을 수 있는 질문, 텍스트 밖에 답이 있는 질문, 답이 정해져 있는 질문과 그렇지 않은 질문 등 질문에도 종류가 있다는 것을 알게 되었다.

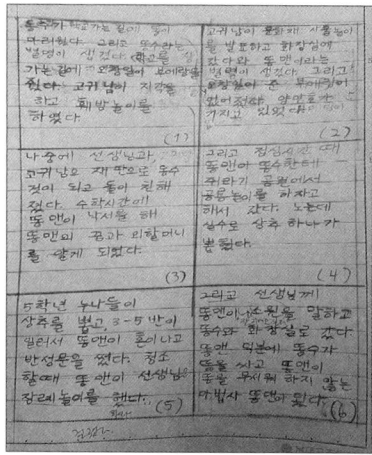

3~4학년군에서는 주로 텍스트를 읽고 제시된 질문에 답을 다는 활동이, 5~6년군에서는 질문을 만들게 하는 활동이 교과서에 실려 있다는 것도 알게 되었다.

책을 모두 읽은 후에 성취기준에 도달했는지를 평가하는 활동으로 회전목마 토의를 했다. 회전목마 토의의 방식을 활용하여 친구들 5명과 서로 '흐름을 파악하여 이야기를 요약하고, 이어질 뒷이야기를 상상해서 쓴 내용'을 읽어주는 것이다. 아이들은 평가 내용의 기준에 맞추어 서로를 상호평가하고 표시를 해주었다.

[평가 내용]
1. 이야기의 흐름에 맞게 상상했는가?
2. 자신 있게 글을 쓰고 나누는가?
3. 친구의 이야기를 즐겁게 감상하는가?

또 잘된 점과 아쉬운 점을 말해주고 고칠 부분은 바로 고치게 했다.

부끄러운 에피소드를 하나 소개하자면, 처음에 회전목마 토의를 어떻게 하는지 몰라 책상을 모두 교실 뒤로 밀어놓고 바닥에 동그랗게 앉아 안쪽 원과 바깥 쪽 원을 움직이게 활동을 시작했는데 반에서 제일 똑 부러진 여학생이 다가와,

"선생님, 이거 그냥 자기 자리에 앉아서 모둠의 절반이 옆으로 한 칸씩 가면 되는 것 아니에요?"

라고 말을 해주어서 급히 다시 책상을 원래 위치로 돌리는 해프닝도 있었다. 교장선생님께서 내게 회전목마 토의를 아냐고 물었을 때 나는 다른 수업에서 본 것이라 안다고 대답했었는데 그것은 아는 것이 아니었다. 이 날 비로소 회전목마 토의 기법을 알게 된 것이다. 그리고 이때부터 나도 아이들에게 '내가 설명할 수 있는 것, 내가 해 본 것이 아니면 아는 것이

아니다.'라는 마음으로 학습할 것을 강조하고 있다.

하나의 에피소드를 더 덧붙이자면 남대구초등학교에서는 성취기준에 대해 도달 여부를 체크하고 피드백을 학생들에게 적어주었는데, 회전목마 토의 방법을 내게 알려준 그 여학생이 늘 모든 것을 잘하는 모범생이라 흐름을 파악하여 요약하는 활동도 잘할 줄 알았었다. 그런데 막상 활동을 수업이 진행될 때마다 너무 꼼꼼한 탓인지 이야기를 지나치게 장황하게 적어서 흐름을 파악하는 것을 오히려 어려워하는 것이다. 매번 덜 중요한 사건을 제외시키라고 권유하기도 하고, 주요 인물이 아닌 사람을 함께 빼기도 했는데도 여전히 글이 장황했다. 결국 마지막에는 제법 잘 해냈지만 다른 친구의 피드백에서도 "이야기가 조금 긴 것 같아. 더 큰 사건으로 요약하면 좋겠어."라는 말이 나왔다. 나는 망설이다가 학생 배움샘 카드에 아래와 같이 적어주었다.

단원	성취 기준	학습 요소	평가 방법	도달여부 나	도달여부 선생님	피드백
5. 내가 만드는 이야기	[4국05-03] 이야기의 흐름을 파악하여 이어질 내용을 상상하고 표현한다.	· 이야기 이어서 구성하기	마법사 똥맨 이야기 회전목마 토의 발표하기	O	O	이야기 요약시 더 큰 흐름으로 간추릴것!
	[4국03-05] 쓰기에 자신감을 갖고 자신의 글을 적극적으로 나누는 태도를 지닌다.	· 쓰기에 자신감 갖기		O	O	
	[4국05-05] 재미나 감동을 느끼며 작품을 즐겨 감상하는 태도를 지닌다.	· 작품을 즐겨읽기		O	O	

"『마법사 똥맨』 요약 시 더 큰 흐름으로 간추릴 것!"

적어주면서도 이렇게 학습 능력이 우수한 아이에게 이런 내용을 적어

주는 것이 맞는지, 실망하지는 않을지 걱정이 되었다. 아니나 다를까, 그 날 저녁 학생의 어머니에게서 전화가 왔다. 두근대는 마음을 진정시키고 애써 침착한 척 전화를 받았다.

"선생님, 배움샘 카드에 적어주신 내용을 읽어봤어요. 사실은 제가 학습지 선생님을 하고 있어요. 그래서 우리 아이가 글을 너무 꼼꼼하게 읽거나 써서 고쳐보려고 했는데 성격 탓인지 그게 잘 안 되더라구요. 그런데 여태 이런 이야기를 해주신 선생님이 한 분도 없었어요. 선생님이 이렇게 적어주시니 진짜 손광수 선생님께서 우리 아이들을 정확하게 바라보고 잘 가르쳐주시려고 노력한다는 것을 알 수 있어서 감사하다고 전화를 드려요."

이날 이후 한동안 나의 콧대가 하늘을 찌를 듯했던 것은 말할 것도 없다. 그리고 이때부터 지금까지 최대한 학생의 성취도에 대한 기록은 학생의 성장을 도울 수 있는 방향으로 적으려고 노력하고 있다. 우리가 교육과정-수업-평가가 일체화되도록 수업을 설계하고 실행했다 하더라도 아이와 가정에 전해지는 것은 '기록'이다. 수업을 제대로 했으면 기록 또한 제대로 전해져야 하는 것이 아닐까?

이 수업은 대구광역시교육청에서 제작하여 보급한 '과정 중심 평가 사례'에 실리게 되었다. 이후에 교장선생님께서 남대구초에 있는 선생님들을 불러 이런 당부를 하셨다.

"단원을 재구성하는 일은 쉬운 일이 아닙니다. 모든 단원을 재구성해서 수업하기에 우리는 너무도 바쁩니다. 그렇지만 한 학기에 한 개 교과, 그

중 한 개 단원만이라도 재구성을 해본다면 어떨까요? 세월이 흘러 여러분들이 중견 교사가 된다면 그때는 정말 많은 수업 사례가 쌓여, 비로소 수업 전문가라고 말할 수 있지 않을까요?"

나는 결국 남대구초에서 근무하는 동안 국어, 수학, 사회, 과학의 단원 재구성 수업 사례를 만들어내고 스스로를 잔뜩 칭찬해 주었다.

교과 간 연계 머리가 빠지는 프로젝트 학습

　내가 남대구초등학교에서 근무한 기간은 총 4년이다. 남대구초등학교는 3년이 지나면 만기가 되어 학교를 이동하는데 연구 부장 업무를 수행하며 1년간 유예를 한 것이다. 남대구초는 연간 각 50차시 내외의 프로젝트를 4개씩 운영하니 나는 4년간 총 16개의 프로젝트 학습을 운영했다. 그리고 한동안 원형 탈모에 시달렸다.

　남대구초에 전입하던 2018학년도는 시작부터 정말 쉽지 않았다. 2015 개정교육과정이 3~4학년에 적용되던 시기라 교과서나 지도서가 2월 말이 되도록 나오지 않았지만 대구광역시교육청에서는 2월 초부터 새로 옮긴 학교에서 학년 교육과정을 수립하거나 업무를 인수인계 받도록 하는 지침을 내려주었던 해였기 때문이다. 당시의 나는 전체가 9학급밖에 되지 않는 남대구초의 유일한 4학년 부장이자 학년 연구 업무를 겸하는 전입 교사가 되었다. 그리고 교과서가 없는 상황에서 1학기에 운영할 2개의 프로젝트 학습 계획을 짜야만 했다.

2월 말에는 남대구초의 모든 교사가 모여 학년의 프로젝트 학습 계획을 발표하고 상호 피드백을 하는 시간을 갖는다. 뿐만 아니라 2주간 교사의 전문성을 기르기 위한 자체 연수 기간을 가졌는데 이때 토의·토론 학습 방법과 그림책 놀이, 학급 세우기 등의 연수를 들었다. 퇴근 시간 이후에는 학년 교육과정을 짜면서 동시에 프로젝트 학습 계획을 무려 100차시나 짜야 했다. 그나마 다행스러웠던 것은 교장선생님은 이런 상황에 교사를 그냥 던져두는 사람이 아니라는 것이었다. 함께 고민하고 협력하여 문제를 해결해 나가는, 그리고 훗날에야 깨달았지만 내가 수업 전문성 면에서 역량을 기를 수 있도록 이끌어 주고 기다려 주는 관리자였다는 것이다.

그해 2월, 나는 매일 밤마다 교과서가 아직 나오지 않았음에 원통해 하며 교육과정 원문과 지난해 프로젝트 학습 사례를 찾아 읽거나 2009개정 교육과정의 4학년 교과서 내용을 참고해 가며 프로젝트 학습의 계획을 짰고, 날이 밝으면 충혈된 눈으로 교장실에 찾아가서 "이런 방향으로 가는 건 어떤가요?"라며 자문을 구했다. 둘이 같이 전지를 펼쳐놓고 활동망을 써가며 토의하기도 했고, 어떤 날에는 좋은 아이디어가 떠올라 생각을 이

야기하면, 교장선생님은 "그래, 젊은 교사들의 우수함을 우리가 못 따라가지. 바로 그거야!"라며 엄지손가락을 치켜세우기도 하셨다.

재미있는 것은 프로젝트 학습을 운영할수록 학생뿐 아니라 교사의 역량도 늘어서 학년 초보다 학년 말에 하는 프로젝트 학습이 더 수준이 높아진다는 사실이었다. 그렇기에 남대구초 전입 둘째 해의 겨울 프로젝트 학습인 '함께 꿈꾸는 무지개 세상'의 준비와 실행 전반에 걸친 이야기를 지금부터 소개하고자 한다.

2018년에는 혼자 프로젝트 학습을 계획하다가 2019년에는 반이 두 개인 학년의 담임이 된 덕에, 신규 발령을 받은 지 고작 3년째인 옆 반 선생님과 머리를 맞대고 프로젝트 학습 계획을 세웠다. 이 프로젝트 학습은 빠르게 변화하는 세상에서, 세상의 변화를 읽는 것도 중요하지만 그에 걸맞은 도덕성과 시민의식, 서로 존중하고 배려하는 태도를 길러주는 것도 중요하다는 생각에서 계획하게 된 것이다.

하지만 이것은 대외적으로 소개하는 '프로젝트 학습 설계의 이유'이고 사실 이 프로젝트를 한 진짜 이유는 '교육과정에 있기 때문'이었다. 프로젝트 학습을 계획할 때에는 학년의 교과 교육과정을 살펴보며 어떤 내용을 엮어야 할지를 찾는다. 우리는 사회 교과의 '저출산, 고령화, 정보화, 세계화, 편견, 차별' 등의 학습요소를 중심으로 국어의 독서 감상문, 읽기 방법 등과 관련된 단원 성취기준을 뽑아 프로젝트 학습의 뼈대를 만들었다. 더 다양하게 탐색하고, 더 깊이 있게 탐구하고, 더 실천적으로 적용하기 위해 어떤 교과를 가져올까 고민하다가 미술, 음악, 도덕, 수학 교과를

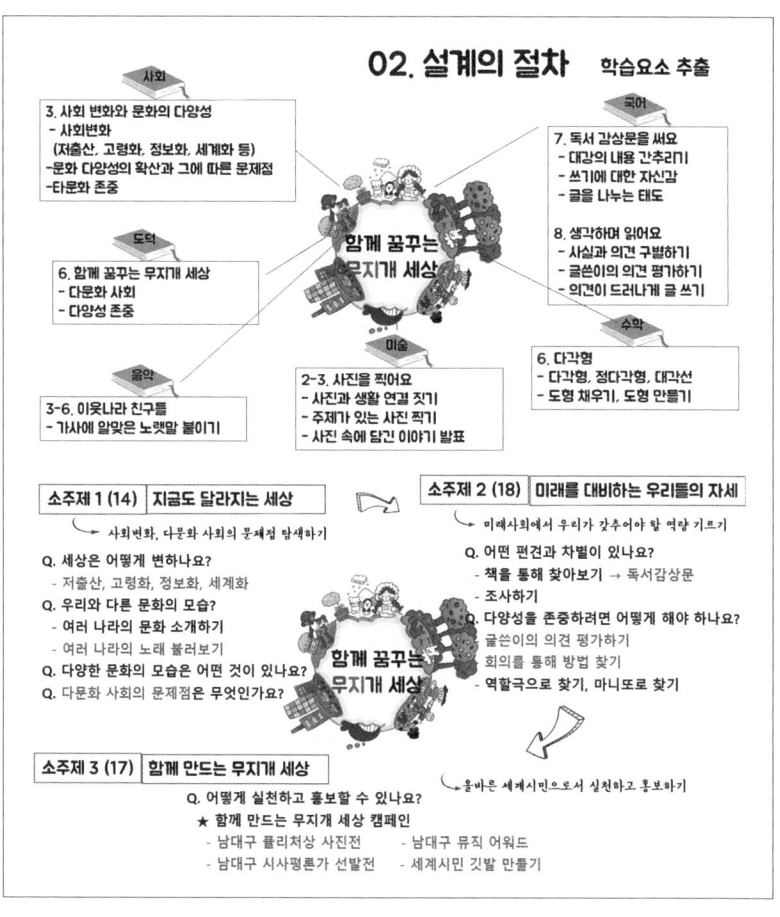

연계했다. 여기까지 정해놓고 옆 반 선생님과 각자 집에 가서 유용한 수업 자료를 찾아서 오기로 했다. 어쨌든 하나보다는 둘이 나왔다.

"부장님, 혹시 퓰리처상이라고 아세요?"

생전 처음 들어보는 상이었지만 충분히 설득력이 있었고, 우리는 편견과 차별에 대한 퓰리처상, 뮤직 어워드, 시사평론가, 심볼 만들기 등의 활동을 계획하며 "멋지다!"를 연발했다. 수업 고민의 즐거움이 교장선생님에게서 나에게로, 그리고 나에게서 신규 선생님에게로 이어지고 있었다. 즐거웠다.

프로젝트 학습의 큰 흐름은 먼저 미래 사회를 예측해 보고 퓰리처상을 받은 '카라반 모녀' 사진을 살펴보며 세상의 모습과 변화에 관심을 갖는 것으로부터 시작한다. 그리고 사회학자들이 사회의 모습을 예측하는 방법을 익혀 우리도 그 변화를 예측해 보고, 미래 사회에 갖추어야 할 덕목을 갖추며, 이러한 것을 다른 사람들에게 알리는 것을 목표로 잡았다.

프로젝트 학습 첫 날, 학생들과 '2048년의 미래 사람에게 온 편지'를 함께 읽으며 미래 사회가 지금과 어떻게 다를 것 같은지 예상해 보았는데 이때 기술의 발전보다 사람들이 서로 관계를 맺고 살아가는 모습에 초점을 맞추도록 유도했다. 모둠별로 미래 사회를 예상해서 발표하는 활동에서 '미래에는 나라의 경계가 사라지고 인종 구별 없이 모여서 살 것 같다'는 이야기가 나오자 한 아이가 "같이 살기 싫으면 어떻게 하나요?"라는 다소 엉뚱한 질문을 했다. 이 질문을 넘겨듣지 않고 학생들에게 "그렇다면 서로 다른 사람들이 함께 살아가는 세상에서 우리는 어떤 태도를 지녀야 할까요? 같이 살기 싫은 사람들이 생기면 어떻게 해야 할까요?"라는 질문을 다시 던졌

〈교실 앞에 그린 프로젝트 학습 활동망〉

다. 누군가는 입을 열었고, 누군가는 입을 닫았다. 교생을 지도하는 지금, 교생 선생님들에게 "학생들의 질문에 당황하지 말고, 잘 들어두었다가 학생들이 생각해 볼 문제로 끌고 가면 됩니다."라고 말할 수 있는 것도 이때의 기억들 덕분이다.

또 인구의 성장 그래프를 보여주며 자료를 분석해서 사회 모습을 예측하는 '사회학자'라는 용어를 소개하며 우리가 '꼬마 사회학자'가 되어보자고 했다. 또 편견과 차별이 만들어낸 참사를 촬영한 사진인 '카라반 모녀'를 함께 살펴볼 때는 처음 새어나오던 웃음소리가 점차 사라지며 다소 숙연한 분위기가 되어버렸다. 그리고 우리가 프로젝트 학습을 통해 알고 싶은 것, 하고 싶은 것, 더 소개하고 싶은 것을 포스트잇에 쓰고 붙이며 학생들과 함께 활동망을 만들어 나갔다. 물론 이것은 사전에 내가 작성한 후 동료 교사들과의 토의를 통해 많은 부분을 수정한 계획이었지만, 학생들과의 대화를 통해 일부 수정되는 부분도 생겼고 학생들이 스스로 프로젝트 학습의 계획을 만들었다고 생각하는 면도 유익했다. 완성된 계획은 질문의 형태로 교실 앞 칠판에 기록했다. 언제든 볼 수 있고, 오늘 수업이 어떤 내용인지 확인하기 위해서였다.

다음 날부터 5주간 프로젝트 학습을 진행해 나갔다. 총 3개의 소주제로 이루어진 프로젝트 학습의 첫 번째 소주제는 〈지금도 달라지는 세상〉으로, 세상이 어떻게 변화하고 있는지를 살펴보는 단계였다. 저출산, 고령화, 정보화, 세계화 등의 현상을 보여주는 그래프를 먼저 제시했다. 학생들은 나름의 시각으로 그래프를 분석하고 관련된 사회 현상과 그 원인을 조사했다. 추가로 교과서 전자 저작물 사진을 출력해서 주기도 했고, 늦은 밤까지 인터넷에서 찾아본 사진이나 퓰리처상을 받은 사진을 제공하기도 했다. 나중에는 아이들이 스마트 기기를 활용해서 사진을 찾기도 했다.

또 우리나라와 다른 여러 나라의 문화를 조사하여 사진으로 소개하기도 하고, 세계 여러 나라의 동요를 부르며 가사에서 찾을 수 있는 그 나라의 문화를 살펴보기도 했다. 그리고 이렇게 다양한 문화가 공존하는 사회를 '다문화 사회'라고 정의하고 다문화 사회에서 일어날 수 있는 편견과 차별의 문제점을 알아보기로 했다.

여러 나라의 문화를 조사하고 발표하는 수업 중 있었던 일이다. 우리반에 필리핀에서 한국에 온 지 몇 개월밖에 되지 않은 친구가 있었는데 이 친구가 다른 친구들과 교우 관계가 그리 좋지 않았다. 그 이유는 첫 번째로 말이 서툴기 때문이고, 두 번째는 자꾸만 다른 친구들이 곤란한 일을 겪을 때 킥킥거리며 웃었기 때문이었다. 언어가 서툴다보니 한국어와 한글을 따로 가르치는 시간도 많았다. 그래서 나도 이 친구에게는 높은 수준의 학습을 요구하지 않았는데 이날은 자기가 필리핀에 대해서 조사를 해오겠다고 큰소리를 치고 하교를 했다.

다음 날 정말 어마어마한 자료를 준비해 와서 친구들 앞에서 발표를 했는데,

"필리핀에서는 태풍이 불어 많은 사람이 죽습니다. 또 스페인의 식민지였던 적도 있습니다. 하지만 우리는 많

이 웃습니다. 그래서 다른 나라 사람들은 우리를 보고 웃는 사람이라고 부릅니다."

라는 말을 하자 아이들이 갑자기 "그래서 네가 그렇게 자꾸 웃었구나!" 하며 다 같이 한바탕 웃게 되었다. 그리고 누군가 "알게 되니 이해하게 된다." 라는 말을 했는데 나는 아직도 그 순간이 너무나 선명하게 기억이 난다.

두 번째 소주제인 〈미래를 대비하는 우리들의 자세〉는 국어 교과의 한 학기 한 권 읽기 단원을 활용하여 책에서 편견과 차별의 사례를 찾아보는 것이었다. 적당한 책이 없어서 고민하던 중 전집에 속해 있는 『너희 나라로 돌아가』라는 도서를 알게 되었다. 이 한 권의 책을 위해 전집을 사는 것이 부담스러워 교장선생님께 말씀드렸더니 흔쾌히 구매하라고 하셨다.

"꼭 그 책 말고 다른 책들도 아이들에게 도움이 되지 않겠니? 교실에 두고 읽도록 하면 되지."

이 책을 통해 외국인 노동자에 대한 편견을 되돌아보고, 외국인 노동자가 늘어나고 있는 사회 현상의 원인에 대해서도 생각해 보았다. 당시 남대구초에도 다문화 가정의 학생들이 많았기 때문에 교사로서는 상당히 부담스러운

〈외국인에게 편견을 가지지 말자〉

이 책은 프로젝트 학습 독서감상문을 쓰기 위해 읽게 되었다. 내가 직접 골라서 아침시간에 읽었다.
책의 내용은 인도에서 오신 택시 운전 아저씨께서 여러 사람들에게 많은 일을 듣는 이야기이다. 어떤 사람은 택시운전사 아저씨를 보더니 택시에서 내리고 빨리 쳐다본다. 또 어떤 사람은 자기가 말하는 곳을 아냐고 묻고, 한국말은 할 수 있는지 묻는다.
그럴 때마다 택시 운전사 아저씨는 무시 당해서 속상하고 화가 날 것 같다. 내가 택시 운전사의 택시를 탄다면 나는 응원을 해줄 것이다.
그러다가 어떤 부부가 택시에 탔는데 남편이 택시 운전사에게 아내가 아기를 낳을 것 같아서 다급했는데 택시로 빨리 태워주셔서 감사하다며 편지와 사과박스를 보냈다. 아저씨는 굉장히 뿌듯해한다.
내가 가장 인상 깊었던 장면은 사람들이 택시 운전사 아저씨께 편견을 가지고 행동하는 장면이다. 왜냐하면 사람들이 외국인이라서 한국말을 못한다는 편견을 가지고 행동하는 것이 내 마음에 들지 않았기 때문이다. 나는 절대 이런 편견을 갖지 말아야겠다고 다짐했다. 그리고 앞으로 다른 사람을 무시하는 태도를 갖지 말아야겠다.

부분이 있었는데, 학생들끼리 서로 질의응답을 하는 과정에서 "현재까지 변화를 살펴보니 앞으로 이런 외국인 노동자는 점점 많아질 것이고, 우리도 다른 나라에서 처음에는 외국인 노동자였겠지만 그 나라 국민이 되었듯이 앞으로는 이런 경계가 사라질 것 같다. 그래서 우리는 편견을 갖고 차별을 해서는 안 된다."는 말이 나온 순간, 나는 온몸에 전율이 돋았다. 내가 어릴 적에도 이런 수업을 받았다면 어땠을까 하는 생각이 들었고, 교사로서 내가 제대로 가르치고 있다는 자존감이 솟아나는 순간이었다. 교사인 것이 자랑스럽고 행복했다. 프로젝트 학습으로 아이들이 성장하는 만큼, 교사로서 나도 성장하고 있었다.

또 다른 책을 찾아 읽고 독서 감상문을 쓰는 시간은 우리의 삶을 성찰해 보는 시간이 되었다. 학생들은 저마다의 문장으로 세계시민으로서 갖추어야 할 태도에 대해 점검하기 시작했다.

프로젝트 학습의 마지막 소주제는 〈함께 꿈꾸는 무지개 세상〉이라는 이름으로 겨울 프로젝트 학습의 제목과 같았다. 우리가 알게 된 내용을 바탕으로 세계시민으로서 무언가를 실천하고 적용하는 시간이었다. 아이들과 함께 계획한 것은 서로 편견을 갖거나 차별하는 행동을 멈추고 이해하고 배려하는 삶을 살아가자는 내용을 홍보하는 캠페인을 하는 것이었다. 캠페인은 남대구 퓰리처상 사진전, 남대구 뮤직 어워드, 남대구 시사평론가 선발전, 세계시민 깃발 만들기의 4가지 영역으로 나누어 진행했다.

이때부터 진정한 의미의 학생 주도 수업이 시작되었다. 아이들은 모둠

원과 머리를 맞대고 나이, 인종, 성별, 문화 등에 대한 차별에 대해 생각해 보게 하는 사진을 촬영할 아이디어를 떠올렸다. 그 과정에서 사진 구도에 따른 효과도 함께 학습했다. 찍은 사진을 플로터로 크게 출력해서 사진전을 열었다. 뮤직 어워드는 프로젝트 초반에 익혔던, 편견에 대한 내용을 담은 '끼리끼리 코끼리'라는 동요를 개사하는 활동이었다. 단순히 개사만 하는 것이 아니라 편견과 차별을 멈추자는 취지를 담은 가사를 공모해서 가장 좋은 노랫말로 바꾸어 부르고, 안무까지 짜는 활동이었다. 아이들이 열중하는 모습에 크게 감명을 받은 나는 아이들에게 전교생 앞에서 공연과 전시를 하는 것은 어떨지 의견을 물었고, 자신들의 진지함에 한껏 고무되어 있던 아이들도 찬성을 하여 우리의 프로젝트 학습은 전교생과 함께 나누는 수업이 되었다.

전교생이 모인 러닝페어에서 공연을 하고, 그 영상을 찍어 유튜브에 업로드 했다. 또 프로젝트 학습 전반에 걸쳐 학습한 내용을 토대로 편견, 차별, 존중 등에 대한 자신의 생각을 담아 의견이 드러나는 글을 쓰는 시사평론가 활동은 모두 출력해서 학부모도 함께 참관하는 러닝페어에서 따로 코너를 만들어 전시했다.

프로젝트 학습의 마지막 과정은 성찰일지를 작성하는 것이었다. 그냥 성찰일지를 쓰라고 하면 가장 힘들었던 활동과 재미있었던 활동을 기록하는 것에 그치기 쉬워서 특정 주제를 제시하는 방향으로 바꾸었다. 이 프로젝트에서 제시한 주제는 '나는 어떤 세계시민이 될 것인가?'라는 것이었다. 학생들이 쓴 성찰일지에서 기억에 남는 문장은 아래와 같다.

> 사람들은 다른 사람의 입장을 잘 생각하지 않고 말을 툭툭 내뱉는다. 그래서 차별하는 말도 쉽게 한다. 나는 앞으로 입장을 바꿔 생각하고 말할 것이며 장애인이나 외국인, 남녀를 차별하는 일이 없이 서로 잘 어울려 지내는 세상을 만들기 위해 노력할 것이다. 그리고 나 뿐만 아니라 세상 모든 사람들이 서로 다른 문화를 차별하지 않고, 서로 이해하고 존중하며 살아가면 좋겠다.

이렇게 프로젝트 학습을 마치고 학교 선생님들과 서로 사례를 발표하고 질의응답 하는 시간을 가졌다. 수업 도중에 사진과 영상을 틈틈이 찍었고, 교육과정 분석부터 수업 마무리까지의 내용을 파워포인트로 만들었다. 슬라이드가 100페이지가 넘었고, 만드는 데 꼬박 일주일이 넘게 걸렸다. 수업 사례 마지막 부분에 '교사의 성찰'이라는 페이지를 넣었다. 그곳에 아래와 같은 질문을 넣었다.

"제가 다른 학교에 가서도 프로젝트 학습을 계속 할까요?"

그리고 이렇게 답했다.

"제가 다른 학교에서도 프로젝트 학습을 할지, 하지 않을지는 잘 모르겠습니다. 왜냐하면 정말 정수리 머리카락이 좀 빠졌거든요. 여길 좀 보세요. 그리고 다른 학교에서는 그 학교 특색에 맞는 무언가를 시도해 보려 하겠지요. 그런데 일부러 틈을 좀 만들어서라도 저는 프로젝트 학습을 하고 싶습니다. 왜냐하면 이번 프로젝트 학습을 통해서 학생들이 변해

가는 것을 정말 실감했기 때문입니다. 학습의 진정한 의미는 학생의 삶을 변화시키는 데 있다고 생각합니다. 저희 딸이 유치원에 다녀오면 그림 실력이 늘어서 돌아옵니다. 우리반 아이들도, 학교에 다녀가면 무언가 늘어서 가야 하지 않을까요? 그런 학교를 만들기 위해 우리가 존재하는 것이 아닐까요? 다른 학교에 가서도 그걸 위해 무언가는 하고 있지 않을까요? 그런 교육과정을 운영하고 있지 않을까요?"

제5장

모두의 성장을 돕는 학교 교육과정

학교장의 교육과정 리더십

미래 사회가 요구하는 학생은 누가 기르는가?
교사이다.
그런 교사는 누가 기르는가?

이 질문에 대답할 수 있는 사람은 학교의 교장이다. 교장은 법령이 규정한 바에 따라 학생 교육을 위하여 교사의 성장을 이끌어야 할 책임이 있다. 이를 위한 학교장의 교육과정 리더십, 즉 장학 역량은 우리나라 미래교육을 위해 매우 중요한 성공 요인이라 할 수 있다.

그러나 학교장을 대상으로 하는 리더십 관련 연수 과정을 살펴보면 갈등 관리와 교육 문제 해결이 주를 이루고 있고 교육과정 리더십은 찾아보기 힘들다. 최근 교장 자격 연수에도 '학교 자율성과 민주적 협력', '갈등 관리와 합리적 의사결정', '세계 교육 강국의 리더십 동향', '학교 교육 비전 및 목표 관리', '학교 조직 혁신과 동기 부여' 등 행정가와 학교장의 경계가 없는 포괄적 리더십 과목이 운영되고 있을 뿐이다.

교육청이나 연수기관에서 운영되는 교장 연수 과정에도 편성할 내용이 많다 보니 교육과정 리더십은 학교경영 우수 사례나 개정 교육과정의 주요 내용 이해 수준에 머무는 정도이다. 그러나 이렇게 받은 연수조차도 학교 현장에서 적용되지 않고 대부분 기억 속에서 사라진다는 것이 더 큰 문제이다. 학교는 초·중등교육법 제23조에 따라 교육과정을 운영하게 되어 있어서 실제 학교경영에는 이러한 연수 내용이 별로 쓰이지 않기 때문이다.

이와 같은 교육기관의 관리자 교육과정 리더십에 대한 인식 부족은 교장들의 학교경영 방식에 고스란히 나타나고 있다. 교장은 시설 관리, 회계, 노사 관리, 교직원 복무, 교육 문제 해결 등 관리 위주의 학교경영을 핵심 역할로 인식하게 되었고 이에 따라 학교 교육과정도 주요 정책, 학교 특색 등을 반영하는 편성에 더 중점을 두게 되었다. 학교 교육과정의 자율성은 편성뿐 아니라 교실에서의 실행이 더 중요하다는 사실을 오랜 시간 동안 간과해 왔기 때문이다.

이처럼 그동안 소홀히 여겨 온 교육과정 자율성이 교실에서 실행되도록 하기 위해서는 수업 장학을 위한 학교장의 교육과정 문해력의 중요성도 갈수록 커지고 있다. 그 이유는 한글 문해력이 없으면 글을 읽고 의미를 이해할 수 없듯이 교육과정 문해력이 없으면 핵심 아이디어, 교-수-평-기 일체화 등 미래형 교실 수업에 대한 장학을 할 수 없기 때문이다. 따라서 교육과정 문해력은 학교장의 교육과정 리더십에 필수적인 기능이라 하겠다. 또한 수시로 변하는 교육과정, 쏟아지는 각종 정책, 법령상 교육 내용 들을 교과나 창의적 체험활동에 효과적으로 편성하기 위해서도 교육과정 문해력은 반드시 필요하다. 이런 의미에서 교육과정 문해력은 학교 교육에 있어 마치 장인의 전문 기술과도 같은 것이라 할 수 있다.

학교장은 교육과정 문해력을 바탕으로 학교 교육 목표와 비전을 설정하고 모든 교실이 유기체적으로 상호작용하도록 학교 교육과정 시스템을 구축해야 한다. 학교 교육과정 시스템 구축은 교사, 학생, 시간, 환경, 지역 등의 교육과정에 필요한 요소들이 학생 성장이라는 교육 목적을 향해 유기적으로 상호작용하도록 교육과정을 편성하고 실행하는 일이라 할 수 있다. 학교마다 학교장의 교육과정 리더십에 따라 학교 교육과정 시스템은 두드러지게 차이가 나타나는 것을 볼 수 있다.

이렇게 구축한 학교 교육과정 시스템은 여럿이 힘을 모아 교실에서 수업으로 실행할 때 비로소 '교실혁명'이 시작된다. 우리는 개인의 열정과 의지로 만든 한두 개의 교실 변화나 연구학교 일부 사례만으로 '교실혁명'이라고 말하지 않는다. 이것은 모든 교실에서 교사들이 수업으로 실행할 때 시너지 효과를 내기 때문에 학교장의 교육과정 리더십 없이는 국가의 핵심 교육 정책인 '교실혁명'을 기대하기 힘들다.

지금도 많은 학교들은 교장이 바뀌면 학교 교육과정 시스템이 바뀐다. 그 이유는 무엇일까? 그것은 학교에 맞는 비전과 교육 철학, 대물림되는 교육과정 시스템을 만들지 못했기 때문이다. 이것은 학교의 잘못만도 아니다. 학교는 그동안 위로부터의 지시적 교육행정에 순응하여 정책 끼워

넣기 식의 교육과정을 만들었고 비전이나 철학조차도 교육 정책 신조어를 베껴 넣는 경우도 있었기 때문이다.

그 결과 학교 교육 계획서는 각종 정책들로 메워져 학교평가나 교육 활동 추진 실적 보고를 위한 행정용 문서에 더 가까워지고 말았다. 또한 창의적 체험활동은 학교 자율성이란 목적과는 거리가 먼, 범교과 학습과 교육청의 요구 사항으로 가득 채워져 연간 102시간이 마치 퍼즐처럼 분절되어 뒤엉켜 있다. 교사들은 교육과정 부장이 작성한 복잡한 학교 교육과정 편성 지침을 보면서 교실에서의 실천은 엄두조차 내기 어려워하는 것이다.

나는 교육과정 업무를 하면서 이와 같은 문제점을 깊이 인식하고 교장이 바뀌어도 대물림 가능한, 학생과 교사 모두가 성장하는 교육과정 시스템 모델을 만들고 싶었다. 이것은 내가 떠난 지금도 '사계절교육과정콘서트'란 이름으로 이어지고 있다. 물론 이것이 가능했던 이유는 10년간 프로젝트 학습 전통으로 수업 중심 학교문화 기반이 어느 정도 마련된 학교에 근무한 덕분이었다. 그리고 교장이 바뀌어도 대물림 되는 교육과정 시스템을 만들어보겠다는 나의 굳은 의지가 더해졌기 때문이다.

교육청의 정책들이나 법령 중에서 학교 교육 활동에 반영해야 하는 것은 대부분 범교과 학습 주제가 많다. 인성, 독도, 환경, 인권, 민주시민, 학교폭력, 안전 등의 주제는 교과목은 아니지만 모든 교육 활동에서 지도해야 할 만큼 중요하다. 범교과 학습 내용들은 관련 성취기준을 뽑아 교과나 학년 프로젝트 학습 주제에 반영하여 내용을 재구성하고, 탐구 활동을 통해 성취기준에 도달되도록 하였다. 그러나 교과나 프로젝트 학습에 통합이 어려운 범교과 학습 내용도 있다. 이를 위해 일주일간 책가방 없는 주간을 편성하고 교사와 외부 전문가가 Co-Teaching을 하여 지도하도록 함으로써 교육과정, 범교과 학습, 교육 정책 등 각각의 목적이 동시에 수준 높게 달성되도록 사계절 교육과정 시스템을 만들었다.

이러한 사계절 교육과정 시스템이 모든 교실에서 작동하여 시너지 효과를 얻도록 나는 교사의 교육과정 문해력 확보를 위한 교사 개별 맞춤형 장학 활동에 최선을 다하였다.

다음은 교-수-평-기 일체화, 프로젝트 학습, 범교과 학습이 모든 교실에서 유기적으로 실행되도록 학교 교육과정을 시스템화한 '사계절교육과정콘서트' 사례이다.

사계절 교육과정 시스템 만들기

사계절이란 용어를 떠올린 것은 아주 단순했다. 우리나라는 교육과정 내용 구성이나 행사, 범교과 학습 주제들이 봄, 여름, 가을, 겨울 계절적 특성을 반영한 것들이 매우 많다. 예를 들어 '봄' 하면 과학 캠프, 운동회, 어린이날, 어버이날, 봄 현장학습 등이 떠오른다. 이런 계절적 특성을 고려한 교육과정을 편성하면 제철 음식처럼 효율성과 효과성을 동시에 높일 수 있다.

나는 학교 교육과정 시스템을 살펴보기 위해 남대구초등학교에서 10년간 운영해 온 프로젝트 학습 성찰 저널, 회의록 등을 읽으며 운영 실태를 먼저 살펴보았다. 그간의 힘든 노력의 과정과 결과에 감탄이 절로 나왔다. 그리고 개선할 점도 몇 가지 찾을 수 있었다.

아쉬운 점은 학기별로 50~120차시에 걸쳐 운영한 프로젝트 학습을, 학기 초 실천 계획만 전체 학년이 공유하고, 실천 결과는 저널을 작성하여 책으로 만들고 마치는 점이었다. 그리고 소규모 학교 특성상 3년마다 잦은 인사이동으로 전입 교사의 프로젝트 학습 실행을 위한 교육과정 전문성 부족도 고민거리였다. 가장 큰 걱정은 10년간 추진해 온 프로젝트 학습이 7차 교육과정을 기반으로 추진되어 왔기 때문에 2015 개정 교육과정에 맞게 교-수-평-기 일체화, 핵심역량 등을 반영하여 프로젝트 학습 주제와 방법을 새롭게 재구성해야 한다는 점이었다.

우리는 1년간 교사들과 연수와 협의를 거듭한 끝에 50차시 내외를 기준으로 탐구형 프로젝트 학습을 봄, 여름, 가을, 겨울 계절별로 운영하기로 하였다. 운영 시기도 학년마다 제각각으로 하지 말고 계절별로 5주 정도의 프로젝트 학습 주간을 정하여 함께 운영하기로 하였다. 그리고 운영 결과는 계획, 실행, 성찰이 잘 드러나게 PPT로 만들어 프로젝트 학습 실천 사례를 공유하기로 하였다. 또한 저널을 작성하는 대신 PPT 발표 자료를 그대로 책으로 엮고 파일로도 보관하여 학년이 바뀌면 다음 학년을 맡게 된 교사들이 수업 설계에 참고할 수 있도록 하였다.

계절마다 50차시씩 실천하는 프로젝트 학습은 문제 해결력, 사고력을 기르는 데 주안점을 두고 운영하므로 '탐구 중심 교육과정 콘서트'로 이름을 정하였다. 즉, 봄·여름·가을·겨울마다 50차시 내외로 탐구 중심의 프로젝트 학습이 전학년 같은 시기에 5주간 운영되는 것이다. 탐구 중심 프로젝트 학습이 끝나면 학년별 프로젝트 학습 실천 사례를 공유하며 모두 함께 성장하였다.

다음으로 법령에 의한 범교과 학습, 학교 행사 등 성취기준과 통합이 어렵거나, 성폭력 예방 교육과 같이 별도 시간을 확보하여 반드시 지도해야 하는 내용들을 교육과정에 편성하기 위해 '책가방 없는 주간'을 운영하였다. 예를 들면 5주간의 봄 프로젝트 학습이 끝나면, 다음 일주일은 '봄 책가방 없는 주간'을 운영한 것이다. 그 주간에는 봄에 주로 하는 과학 캠프, 운동회, 어린이날 행사, 효 교육, 봄 현장 체험학습, 학교 행사 등 교과서 없이도 수업이 가능한 체험 중심 프로그램을 편성하였다. 또한 체험 위주 수업이라 학습 부담이 적기 때문에 블럭타임으로 운영하여 7교시를 편성하고 마치는 시간은 6교시와 같도록 운영하였다. 우리는 '책가방 없는 주간'을 '놀이 중심 교육과정 콘서트'로 이름을 정하였다. 봄·여름·가을·겨울마다 '책가방 없는 주간'이 전 학년 같은 시기에 일주일간 운영되는 것이다.

그리고 오른쪽의 계절별 책가방 없는 주간에는 계절마다 '봄 놀이 중심 교육과정 콘서트' 등의 현수막을 내걸어 신나는 분위기를 만들었다. 아이들은 계절마다 책가방 없이 학교에 일주일간 온다는 그 자체만으로도 행복해 하였다. 전문가들로부터 배우는 성교육, 학교폭력 예방 교육, 안전 교육, 운동회 등 꽉 찬 체험 프로그램으로 일주일간

시기	사계절 교육과정 운영
3월 1주	출발점 행동 고르기
3월 2주	
3월 3주	봄 프로젝트 학습 준비기
3월 4주	
3월 5주 ~ 4월 9주	봄 프로젝트 학습기
5월 10주	봄 책가방 없는 주간
5월 11주	여름 프로젝트 학습 준비기
5월 12주	
5월 13주 ~ 6월 18주	여름 프로젝트 학습기
7월 19주	여름 책가방 없는 주간

결코 놀러 가는 것이 아닌데도 말이다. 특히 '책가방 없는 주간'에는 각종 안전 교육이나 다문화 교육 등 전문적인 내용을 지도해야 하는 교사들의 어려움을 고려하여 지역사회 자원을 기부 받거나 전문 강사를 초빙하는 예산을 편성하여 Co-Teaching 함으로써 교사들의 만족도 또한 높았다.

최근 2022 개정 교육과정이 적용되면서 학교자율시간을 2025년부터 3~4학년군에 편성·운영해야 한다. '책가방 없는 주간'을 만들고 범교과 학습 내용과 학교자율시간을 함께 편성하면 좋지 않을까 하는 생각도 잠시 해보았다.

그러나 이와 같은 학교 교육과정 시스템이 잘 운영되기 위해서는 학습과 생활면에서 아이들의 질서 유지가 중요하다. 나는 아이들의 기본 생활 습관 교육이 무엇보다 중요하다고 생각하고 새학년 출발점 행동 고르기 '3·7·30' 교육과정을 3월 2주간 편성하였다. '3·7·30'은 새학년 학급 만들기는 3월 한 달 안에, 한 해의 80%가 결정된다는 3월 학급경영의 중요성을 강조하는 것으로 이에 대한 자세한 내용은 6장에서 다시 소개한다.

이렇게 만들어진 우리 학교 교육과정은 출발점 행동 고르기 → 봄 프로젝트 학습 준비기 → 봄 프로젝트 학습 → 봄 책가방 없는 주간 → 여름 프로젝트 학습 준비 → 여름 프로젝트 학습 → 여름 책가방 없는 주간 등으로 봄·여름·가을·겨울 계절마다 반복되는 사계절 교육과정 시스템을 만들어 운영하였다.

프로젝트 학습기에는 탐구에 집중하였고 범교과 학습은 체험 중심으로 알차게 배웠다. 외부 강사와의 수업 시간 조정 때문에 국어 글쓰기 수업을 하다가 멈추고 다음 시간 안전 교육을 받고 다시 국어 글쓰기 수업을 이어가야 하는 흐트러진 수업 분위기를 걱정하지 않아도 되었다. '탐구 중심 교육과정 콘서트' 주간은 프로젝트 학습을 통한 학습 몰입이, 책가방 없는 주간의 '놀이 중심 교육과정 콘서트' 주간은 학교 오는 즐거움이 배가 되었다.

사계절 교육과정 시간표 짜기

앞의 장에서 소개하였지만, 사계절 교육과정 시간표는 '탐구 중심 교육과정 콘서트'와 '놀이 중심 교육과정 콘서트'로 편성하였다. '탐구 중심 교육과정 콘서트'는 프로젝트 학습 주간에 50차시 내외로 연간 4회 계절별로 운영된다. 따라서 이것은 프로젝트 학습을 설계하여 시간표를 학년마다 자율적으로 편성하면 된다.

그러나 '놀이 중심 교육과정 콘서트'인 '책가방 없는 주간'은 전 학년이 함께하는 프로그램이어서 시간표를 짜는 데 많은 협의가 필요하다. '책가방 없는 주간'은 전 학년이 의무적으로 편성해야 하는 '공통 프로그램'과 해당 학년에서만 편성하는 '자율 프로그램'으로 나뉜다.

예를 들어 학교폭력, 성폭력, 안전 교육 등은 법령에 의해 전 학년이 의무적으로 실시해야 하지만, 전문 강사가 반별로 수업을 하기 때문에 학급별로 시간을 정해 주어야 한다. 또한 운동회 등의 학교 행사는 전 학년이 같은 날, 같은 시간에 활동을 하기 때문에 요일과 시간도 배정해 주어야 착오가 없다. 따라서 '공통 프로그램'은 교육과정 부장이 미리 학교 교육과정 편성 지침에 요일과 시간 수를 반영하여 학년 교육과정에 편성하도록 안내하였다.

그러나 현장체험학습, 효 교육, 생존수영 같은 경우는 특정 학년만 하기 때문에 해당 학년만 편성 내용을 안내해 주었다. 따라서 학년 '자율 프로그램'은 '공통 프로그램'을 편성하고 남은 요일에 학년에서 자율적으로 편성하도록 하고, 학년에서 아이들 요구를 받아들여 하고 싶은 활동도 편성하도록 하였다. '사계절교육과정콘서트'의 이해를 돕기 위해 2018학년도 저·중·고학년 시간표를 소개하면 다음과 같다.

[전학년 공통 프로그램]

한마음 축제(운동회), 과학 캠프, 다문화 교육, 꼬마 작가, 나의 꿈 발표, 아나바다 나눔 장터, 정보 통신 윤리 교육, 성폭력 예방 교육, 안전 골든벨, 러닝페어, 독서 페스티벌, 방학식 등

[1학년]

시기	프로젝트 학습 (탐구중심)	책가방 없는 주간 (놀이중심)				
		월	화	수	목	금
봄	도란도란 봄 동산 (64차시)	안전짱 선발	한마음 축제 (운동회)	과학 캠프	학생 주도 행사 계획	봉사 활동
		한마음 축제 연습			동식물 소개 카드 만들기	행복한 우리 가족 프로젝트 준비하기
		다문화 교육				
여름	행복한 우리 가족 (60차시)	다문화 교육 - 외국의 놀이 체험 -	학생 주도 행사 계획	나의 꿈 발표	나라사랑 교육	여름 물놀이 체험 학습 - 스파밸리 -
			나의 꿈 발표 준비	아나바다 나눔 장터	물놀이 안전 교육	
		꼬마 작가 되어 보기	가족 영상 편지	흡연 예방 나눔 장터 소감	정보 통신 윤리 교육	
가을	가을 여행을 떠나요! (60차시)	학생 주도 행사 계획	독서 퀴즈 준비	고산골 가을 여행 - 앞산 등반 -	가을 동화 여행(책)	학생 주도 창의 체험 - 가을동산 -
		성폭력 예방 교육	국악 교실		오카리나 연주	
		가을 동화 여행	독서 퀴즈 대회		프로젝트 학습 연계	우리 마을 주변 봉사
			안전 골든벨			
겨울	우리는 하나 (57차시)	가족과 함께 즐거운 크리스마스	학생 주도 행사 계획	교통 안전 캠페인 준비	겨울 스포츠 리그	교통 안전 캠페인
			러닝페어 발표 자료 제작 및 준비	러닝페어 발표회 참관	독도 퀴즈, 클레이 DIY	1년 되돌아보고 성찰하기
						방학식

[자율 프로그램]

내가 좋아하는 동식물 소개 카드 만들기, 가족 영상 편지, 여름 물놀이 체험학습, 고산골 가을 여행, 독도 퀴즈, 클레이 DIY, 봉사활동, 학생 주도 행사 계획 (아이들이 하고 싶은 활동) 등

[3학년]

시기	프로젝트 학습 (탐구중심)	책가방 없는 주간 (놀이중심)				
		월	화	수	목	금
봄	우리 고장 중심지 해설사 (45차시)	안전짱 선발	한마음 축제 (운동회)	과학 캠프	학생 주도 행사 계획	봄 캠퍼스 투어
		한마음 축제 연습		성폭력 예방 교육	학생 주도 창의 체험	
		북아트				
		가족 감사 day	가족 감사 day			다문화 독서 카페
여름	생명은 소중해요 (51차시)	꼬마 작가 되어 보기	나의 꿈 발표 준비	아나바다 나눔장터	나라 사랑 교육	환경 교육 - 분리 배출 체험 교실 -
					정보 통신 윤리 교육	
		학생 주도 행사 계획		흡연 예방	나의 꿈 발표	학생 주도 창의 체험
		생존수영	생존수영	생존수영	생존수영	생존수영
가을	알아두면 쓸모 있는 신기한 전통 이야기 (52차시)	읽어두면 쓸모있는 책이야기	학생 주도 창의 체험	달비골 가을 여행 -앞산 등반-	옻골 마을 전통 놀이 체험 - 떡메치기 등 -	읽어두면 쓸모있는 책이야기
		학생 주도 행사 계획				우리 마을 봉사
		안전 골든벨	흡연 예방			나의 진로 여행
			성폭력 예방 교육			
		민속 공예 - 탈 만들기 -	가정 의례 관혼상제			교육과정 발표회 연습
겨울	행복을 주는 사람 (44차시)	가족과 함께 즐거운 크리스마스	학생 주도 행사 계획	러닝페어 발표 및 참관	러닝페어 성찰	가족 감사 과자 케이크 만들기
			러닝페어 발표 자료 제작 및 준비		이웃돕기 캠페인	
					명화 감상	
			이웃돕기 캠페인 준비		겨울 스포츠 리그	미니 미술관
						방학식

[자율 프로그램]

북아트, 가족 감사 day, 봄 캠퍼스 투어, 생존수영, 분리 배출 체험 교실, 가정 의례 관혼상제, 옻골 마을 체험, 우리 마을 봉사, 이웃돕기 캠페인, 겨울 스포츠리그, 과자 케이크 만들기 등

[5학년]

시기	프로젝트 학습 (탐구중심)	책가방 없는 주간 (놀이중심)				
		월	화	수	목	금
봄	인터스텔라 (47차시)	안전짱 선발	한마음 축제 (운동회)	과학 캠프	다문화 교육	현장체험 학습 - 대구 과학관 -
		한마음 축제 연습		성폭력 예방 교육	가족감사 day	
		학생 주도 창의 체험	심폐 소생술 교육		학생 주도 행사 계획	
			자유 탐구 day		학생 주도 창의 체험	
여름	마션 (46차시)	나눔 장터 과제 수행 계획 작성	꼬마작가 되어 보기	아나바다 나눔 장터	정보 통신 윤리 교육	학생 주도 창의 체험 (기구 만들기)
		런닝맨 진로 체험 레이스	학생 주도 행사 계획	흡연 예방	나의 꿈 발표	자유 탐구 페스티벌
			나의 꿈 발표 준비			포토북 만들기
가을	흑성탈출 (50차시)	독서 교육 - 슬로우 리딩 -	교실에서 도산서원 체험	가산산성 탐방 - 가을 노래, 3D카메라로 가을 담기 등 -	독서 교육 - 슬로우 리딩 -	독서 교육 - 슬로우 리딩 -
		학생 주도 행사 계획			학생주도 문화 체험 - 희망 전하기 영상 제작 -	희망이 전해지는 영상 시사회
		성폭력 예방	독서 교육 - 슬로우 리딩 -			예술 동아리
		안전 골든벨				
겨울	우리는 남대구 통신사 (52차시)	가족과 함께 즐거운 크리스마스	학생 주도 행사 계획	역사 골든벨	내 꿈을 job는 진로 코칭	1년 되돌아 보고 성찰하기
			러닝페어 발표 자료 제작 및 준비	러닝페어 발표 및 참관	힘내세요 프로젝트 - 감사하기 -	학급평화 회의
			겨울 스포츠 리그			방학식

[자율프로그램]

자유 탐구 day, 가족 감사 day, 대구과학관 체험학습, 런닝맨 진로 체험 레이스, 포토북 만들기, 가산산성 탐방, 희망이 전해지는 영상 시사회, 겨울 스포츠 리그, 역사 골든벨, 진로 코칭 등

행복한 사계절교육과정콘서트

[아이들이 뽑은 교육과정 콘서트]

졸업을 앞둔 아이들에게 지난 1년 동안 했던 4개의 프로젝트 학습 중 어떤 것이 가장 재미있었냐고 물었다. 역사 주제였던 〈내가 남대구 반크〉, 환경 주제였던 〈연어야 돌아와〉, 다문화가 주제였던 〈남대구 여행사〉, 코딩 주제였던 〈햄스터봇, 미로를 탈출하라!〉 중에 나는 코딩 프로젝트가 가장 재미있었다고 대답할 줄 알았다. 가볍게 던진 질문이었는데 아이들에게서 돌아온 답은 다시 프로젝트 수업을 되돌아보게 했다.

"선생님, 남대구 여행사 프로젝트 학습이 가장 좋았어요. 다른 프로젝트도 재미있긴 했는데 여행 프로젝트는 제가 중학교만 가도 당장 쓸모가 있을 것 같았어요. 재미도 있고 의미도 있었어요."

지금도 내게 사계절 교육과정의 모든 순간들이 기억에 생생하지만 교장선생님과 글로 옮기는 내용을 선정하기 위해 의논을 하면서 우리는 아이들이 뽑았던 〈남대구 여행사〉 프로젝트 학습을 중심으로 가을 교육과정 콘서트 사례를 책에 소개하기로 하였다. 지금부터 소개하는 6학년 '가을 교육과정 콘서트'운영 사례를 보며 교실에서 교육과정의 자율성이 어떻게 실행되었는지, 아이들의 행복한 성장 모습을 함께 상상하여 보기 바란다.

남대구 여행사 프로젝트는 이웃 나라의 환경과 생활모습 그리고 세계 여러 지역의 자연환경과 여행이라는 흥미로운 주제를 담고 있다. 이 프로젝트를 설계하면서 핵심이 되는 사회과 단원에서 다양성과 세계화라는 교과 관련 개념을 추출하고 이를 바탕으로 '세계시민 의식'을 함양하는 것을 기대하며 프로젝트 주제를 설정하였다.

6학년 가을 교육과정 콘서트

탐구 중심 (프로젝트 학습 주간)		놀이 중심 (책가방 없는 주간)	
열며	여행 뉴스 보며 이야기하기	전학년 공통 프로그램	생명존중 예방 교육 성폭력 예방 교육 흡연 예방 교육 예술 동아리 활동 안전 골든벨
남대구 여행사 OT 참가	남대구 여행사 마크 공모전 PT 기본 소양 기르기 여러 나라의 위치와 영역 우리나라와 이웃 나라의 관계		
문화 체험 프로그램 공모전	PBL 문제 확인 및 문제 해결 문화 체험 프로그램 만들기 문화 체험 프로그램 발표 및 성찰	6학년 자율 프로그램	독서 교육(시립도서관과 함께 하는 깊이 있는 그림책 읽기) 진로 교육(직업 여행) 문화 체험 프로그램 과학 체험(워킹글라이더) 그림책 봉사단
나의 첫 배낭여행 상품개발	세계의 자연환경과 문화 남대구 여행사 PT경진대회 준비 남대구 여행사 PT경진대회 참가		
닫으며	프로젝트 평가 및 성찰		

[탐구 중심 콘서트 : 가을 프로젝트 학습]

먼저 여행이라는 주제로 프로젝트의 개요를 짜면서 관련 성취기준을 중심으로 교육과정을 분석하였다. 문화 체험 프로그램 개발이라는 활동에 융합할 수 있는 성취기준은 수학 〈주어진 자료를 띠 그래프와 원그래프로 나타낼 수 있다〉와 국어 〈매체를 활용하여 효과적으로 발표한다〉이다. 문화 체험 프로그램을 만들고 효과적으로 발표하기 위해 다양한 통계 자료를 활용하는 모습에서 수학, 국어 성취기준과 관련된 평가 계획을 세울 수 있었다.

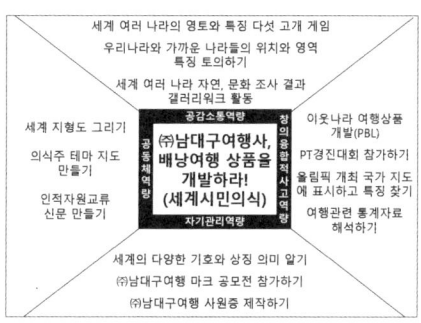

〈주제 관련 역량〉

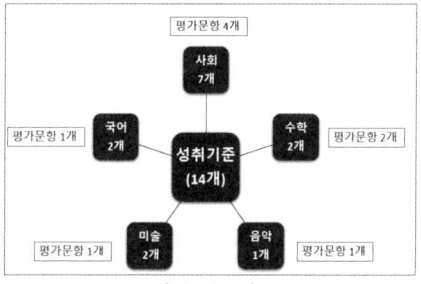

〈평가 문항〉

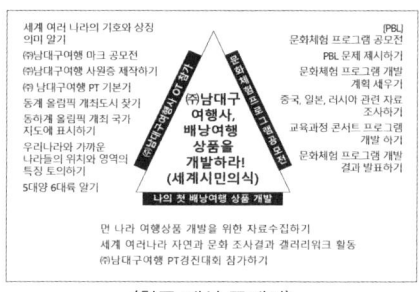

〈활동 예상 주제망〉

이런 방식으로 주제와 관련된 성취기준들을 중심으로 평가와 수업을 고민하며 세부적인 교수·학습 활동 계획을 수립하였다. 주요 활동들과 핵심역량의 관계도 고려하면서 프로젝트 활동에서 중점이 되는 역량은 무엇인지, 취약한 부분은 없는지 확인하였다.

　그런데 프로젝트 수업을 설계하는 내내 무언가 식상한 느낌이 들면서 새로움이 부족하다는 생각이 들었다. 그래서 동학년 선생님과 아이디어를 낸 것이 실제 상황처럼 느끼게 콘셉트를 잡는 것이었다. 아이들이 여행사에 인턴으로 지원하고 인턴으로서 여행 프로그램을 개발하도록 하여 좀 더 프로젝트 수업에 몰입할 수 있게 하는 것이었다. 지금 생각해도 기발한 아이디어였다. PBL 수업과 프로젝트 학습의 만남은 아이들에게 좀 더 의미 있는 학습이 되게 해주었다. 이로써 전체 프로젝트 학습 계획이 완성이 되고 3개의 소주제로 이루어진 활동 예상 주제망을 만들 수 있었다.

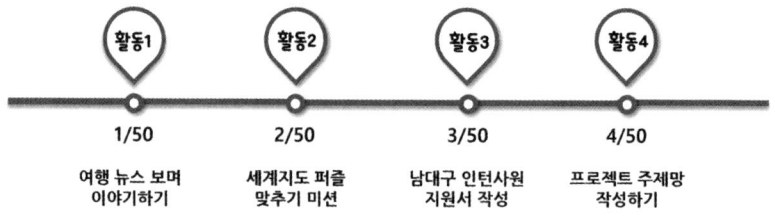

〈프로젝트 도입 흐름〉

　수업의 시작은 여행 뉴스를 보며 이야기를 나누고 모둠별로 세계지도 퍼즐을 맞추어 보며 프로젝트 학습 주제에 대해 생각해 볼 수 있게 하였다. 다른 프로젝트 학습과는 다르게 주제망을 작성하기 전에 ㈜남대구 여행사를 알리고 인턴사원으로 지원하라고 하였다. 실제 지원서를 작성하고 여행사 조직도도 만들어서 실제 상황처럼 느낄 수 있도록 구성하려 애썼다. 프로젝트 학습의 큰 장점이라고 생각한다. 지원서를 가지고 면접을 볼 때는 웃음이 나기도 했다.

프로젝트 시작의 핵심은 주제망을 작성하는 것이다. 아이들은 여행, 세계의 지리, 문화를 키워드로, 하고 싶은 것, 알고 싶은 것, 이미 알고 있는 것 등을 포스트잇에 적어 모둠별로 유목화를 한다. 하나의 팁은 모둠별로 하고 싶은 활동을 생각할 때 교사가 프로젝트 학습의 전체 뼈대를 그릴 수 있도록 도움을 준다면 아이들은 스스로 프로젝트 학습

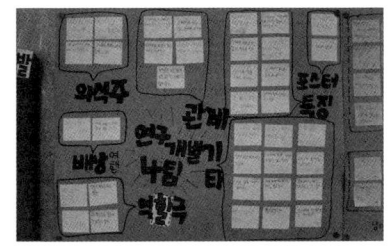

〈모둠 주제망〉

〈전체 주제망〉

을 설계했다는 자부심이 생기며 주인 의식을 가지게 된다.

모둠별로 주제망 발표를 하고 전체가 의견을 주고받으며 하나의 주제망을 만들었다. 도입의 마무리는 프로젝트 학습의 이름을 만드는 것이다. 교사가 설계한 프로젝트의 이름이 〈남대구 여행사〉였지만, 아이들은 《(주)남대구 여행사, 배낭여행 상품을 개발하라!》로 만들었다. 아이들의 의견을 모아 프로젝트 학습의 이름을 짓는 것은 늘 의미 있었고 학생들이 좋아하는 단계 중 하나였던 것으로 기억한다.

주제망이 완성되면 아이들과 전체적인 흐름에서 프로젝트 학습에서의 평가와 관련된 부분을 이야기한다. 3개의 소주제를 중심으로 배낭여행 상품 개발에서 아이들은 무엇을 할 수 있어야 하는지를 함께 이야기한다.

이렇게 하는 것은 프로젝트 학습의 목표를 명확히 한다는 장점도 있고, 아이들이 평가에 대해 이해하고 수업에 참여하는 것은 주도성을 높인다는 측면에서도 유의미하다. 그리고 소주제별로 주요 활동을 시작하기 전 개별 성취기준에 대한 평가 장면을 미리 안내하고 프로젝트 학습을 이어간다.

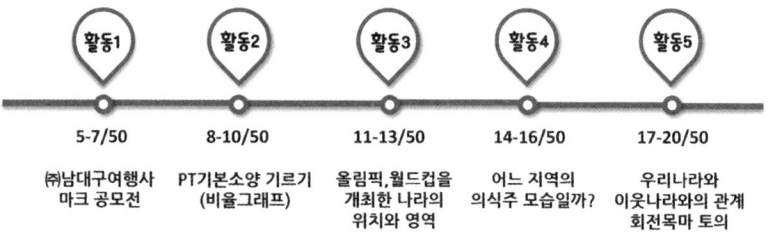

〈소주제1. 남대구 여행사 OT 참가하기 수업 흐름〉

첫 번째 소주제는 이번 프로젝트 학습을 위해서 필요한 배경 지식을 쌓을 수 있는 활동들을 아이들과 함께 모아보았다. 〈㈜남대구 여행사 OT 참가하기〉라는 소제목으로 남대구 여행사 인턴사원으로서 기본 소양을 쌓는 시간들로 구성되어 있다. 아이들에게 재미 요소를 하나 주기 위해 개별 월급 통장을 만들어 주고, 일주일마다 주급을 주었다. 기본급이 있고 개인별/모둠별 성과에 따라 추가급을 지급했다. 아침시간이나 방과 후 시간에 프로젝트와 관련된 책을 읽거나 자료 조사 등을 한다면 초과근무 수당도 주는 형태였다. 지도 교사로서 좀 귀찮은 일이긴 하였지만 지금 생각해도 하길 잘했다는 생각이 들 만큼 흥미로워했다.

픽토그램이나 세계 여러 나라의 마크들을 둘러보며 시각 이미지 읽기에 대한 이해를 바탕으로 ㈜남대구 여행사의 마크 공모전에 참가했다. 사전에 마크 공모전에 필요한 평가 기준과 시기를 안내하였다. 수상 결과도 그냥 교실에서 부르지 않고, 날짜와 시간을 정해 집에서 확인할 수 있도록 아이들 개별 이메일로 결과를 통지하였다.

〈마크 공모전 수상작〉

프로젝트 학습을 설계하면서 고민이 되는 부분 중 하나가 한 단원의 성취기준을 가지고 왔을 때 기본 개념을 익히는 부분을 어떻게 할까 하는 것이다. 이번 프로젝트 학습의 수학 〈비율 그래프〉 단원이 그렇다. 띠 그래프로 원 그래프에 대한 이해를 어떻게 할까가 설계 단계에서 고민이었는데 남대구 여행사 오리엔테이션 콘셉트를 만들면서 자연스럽게 녹여낼 수 있었다. 〈비율 그래프를 해석하고, 이를 설명할 수 있다〉 성취기준 도달을 위해 비율 그래프와 관련된 기본적인 이해를 할 수 있도록 교사 주도로 설명을 해주고, 여행 관련 비율 그래프를 해석하고 설명하는 과제를 제시하여 평가와 프로젝트 학습을 자연스럽게 연결하였다.

오리엔테이션 단계에서 세계 여러 나라의 위치와 영역, 그리고 의식주의 모습에 관해 탐구해 보았다. 자연환경과 인문환경이 서로 상호작용하고 있는 관계라는 것을 추리

〈세계의 의식주 추리하기〉

할 수 있도록 의식주의 모습 자료를 주고, 위도, 지형 등을 고려하여 어떤 환경에서 의식주 생활모습인지 탐구하도록 하였다. 지도와 친해졌다는 아이, 어떤 나라의 의식주 모습인지 생각하고 찾는 것이 재미있었다는 아이, 그리고 자연환경에 따라 사람들의 생활모습이 달라진다는 것을 활발한 토의 과정에서 찾을 수 있었다.

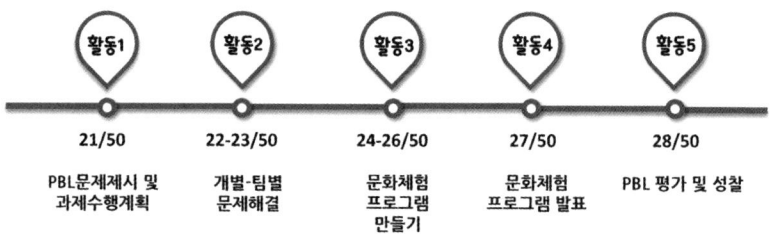

〈소주제2. 문화 체험 프로그램 만들기 수업 흐름〉

첫 번째 소주제가 ㈜남대구 여행사에 몰입하는 시간이면서 중심 교과인 사회 성취기준의 기본적인 내용에 관해 이해하는 시간이었다면 두 번째 소주제는 PBL 학습(Problem-Based Learning)을 프로젝트 수업 안에 넣는 형태로 탐구할 수 있는 시간으로 구성하였다.

아이들이 해결해야 할 문제는 "가을 놀이 중심 교육과정 콘서트" 프로그램을 설계하는 것이었다. 동학년 선생님과 고민하는 장면을 영상으로 찍어서 취지를 정확하게 전달하고, 평가와도 잘 연결될 수 있도록 노력하였다. 해결한 문제가 몇 주 뒤 본인들이 직접 참여하게 될 프로그램이니 더욱 의미도 있었다. 성취기준에 잘 도달할 수 있는지, 탐구로서 가치가 있는지를 판단하는 것이 관건이었다.

여행사 로고 공모를 한 것처럼 이번 교육과정 콘서트 프로그램을 만드는 것도 공모전 형태로 모둠별로 참여할 수 있도록 하였다. 프로그램을 개발하는 데 다음과 같은 4가지의 조건을 제시했다.

1. 중국, 일본, 러시아의 자연환경과 관련된 생활양식(의, 식, 주)이 드러나는 내용인가?
2. 남대구초등학교 학생들이 선호하는 교육과정 콘서트 프로그램 조사 결과를 반영하였는가?
3. 6학년 학생들이 7시간 동안 운영 가능한 것인가?
4. 문화 체험 프로그램 개발 결과를 효과적인 방법으로(PPT, 동영상, 뉴스, 인형극, 그림, 보고서 등) 발표하는가?

객관적인 평가를 위해 1번은 사회 성취기준과 관련되고, 2번은 선호도 조사 결과를 비율 그래프로 나타내기를 기대한 것이다. 3번은 놀이 중심 교육과정 콘서트에서 실제로 운영하는 시간 조건을 제시한 것이며, 마지막 4번은 국어과 성취기준에서 매체를 활용하여 효과적으로 발표하는 부분을 평가하기 위함

〈PBL 과제 수행 계획〉

이다.

　아이들은 제시한 과제를 분석하여 4가지 조건에 맞게 실천 계획을 구체적으로 고민하였다. 어떤 내용으로 하면 좋을지 아이디어를 모으고, 선호도 조사 방법, 자료 제시 방법 등을 협력적으로 토의하였다. 모둠별 발표를 듣고 실제 실행 가능 여부를 판단해 보며 상호평가를 하였다. 당시 1학기에 봄, 여름 교육과정 콘서트를 두 번이나 경험하였기 때문에 어떤 프로그램을 선호하는지 다른 학년 친구들에게 조사하는 것이 실제로 가능하였고, 그 결과를 비율 그래프로 나타내고 발표 자료를 만드는 것이 아이들의 삶과도 매우 밀접한 맥락이었다.

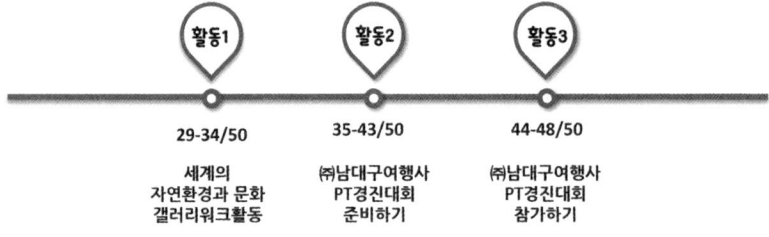

〈소주제3. 나의 첫 배낭여행 상품 개발 수업 흐름〉

　마지막 프로젝트 학습의 소주제는 '나의 첫 배낭여행' 상품 개발이었다. 처음으로 배낭여행을 떠나는 사람들에게 추천할 만한 여행 상품을 개발하는 것이었다. 그냥 개발만 하는 것은 좀 싱거운 느낌이기에, ㈜남대구여행사 인턴사원답게 개발 결과를 멋지게 프레젠테이션 경진대회에 참여하여 발표하는 것을 제안하였다. 프로젝트 학습의 콘셉트를 살리면서 매체를 활용해 효과적으로 발표하는 성취기준을 프로젝트의 힘을 얻어 더욱 실제적으로 발휘할 수 있는 기회를 준다는 의미도 있었다.

사실 여행사에서 여행 상품 하나를 개발하기 위해서는 고려해야 할 것들이 정말 많을 것이다. 아이들은 수준에 맞게 모둠별로 배낭여행 테마를 정하고 배낭여행 코스를 설계

〈갤러리 워크 활동 모습〉

하는 데 주안점을 두었다. 아이들의 선호도와 성취기준의 연결성을 고려해서 세계의 지형, 세계의 의생활, 세계의 식생활, 세계의 주생활 자원·인적 교류의 5가지 테마로 정했다. 효과적인 탐구를 위해 모둠별 1개의 테마를 조사하고 자료를 서로 공유할 수 있도록 갤러리 워크 활동을 준비하도록 했다. 갤러리 워크 발표를 통해 자신이 맡은 부분은 충분히 설명할 수 있는 능력을 키우고, 다른 조사 내용은 친구들의 설명을 들으며 궁금한 점을 질문하면서 세계의 자연환경과 문화에 대해 이해하는 시간을 가졌다.

기본 소양을 갖추고 본격적으로 팀별 여행 상품을 개발하고, 그 결과를 가지고 PT 경진대회에 참여할 준비를 했다. 이미 프로젝트를 시작하면서 아이들과 함께 PT 경진대회라는 형식을 고민했고, 프로젝트의 목표로 삼고 있었다. 또한 프로젝트의 마무리 단계이기 때문에 아이들이 그동안 탐구한 결과를 충분히 뽐낼

〈PT 경진대회 준비〉

수 있는 자리를 만들어주기 위한 장치이기도 했다.

　PT 경진대회 자료 준비를 마치고 발표 연습을 하는 장면에서 개별 아이들의 이해도를 잘 점검할 수 있는 시간이었다. 스스로 작성한 비율 그래프를 해석하는 내용을 질문하기도 하고, 세계 여러 나라의 자연환경과 문화와 관련된 내용과 연관 지어 발표하는지도 살펴볼 수 있었다.

　PT 경진대회에 참가한 아이들은 대부분 자신감을 가지고 참여한다. 그동안 많은 프로젝트 수업을 경험한 덕도 있지만, 그만큼 충분한 시간을 가지고 탐구한 내용이면서 발표 연습을 할 시간도 많았기 때문이라고 생각한다. 서두에 이야기한 것처럼 아이들이 본인들의 삶과 가장 가깝게 느낀 수업이라고 느낀 것도 깊이 있는 탐구가 바탕이 되었기 때문이었다.

49-50/50
프로젝트 평가 및
성찰일지 작성

〈프로젝트 마무리 흐름〉

　프로젝트 수업의 마무리는 성찰일지를 쓰는 것이다. 단순한 소감을 몇 줄 적는 것이 아니라 탐구한 내용을 기본으로 스스로 성장한 점을 중심으로 성찰할 수 있도록 하였다. 항상 프로젝트 학습을 할 수 있게 해주셔서 선생님께 감사하다는 말을 해주는 학생들을 보며 나 또한 성장하는 시간이었음을 느꼈다. 성찰일지를 쓰고 소감을 나누는 시간을 통해 프로젝트 설계 단계에서 고려했던 역량들과 관련한 성장 정도를 평가해 볼 수 있었다. 특히 세계 여러 나라에 대해 자료를 조사하고 다양한 정보를 활용하여 종합적으로 문제를 해결해 나가는 과정에서 세계시민으로 성장한 점이 엿보여서 프로젝트 학습의 설계 의도와도 잘 연결되었다는 생각을 하였다.

약 5주간의 '탐구 중심 가을 교육과정 콘서트' 기간의 프로젝트 학습이 끝나고, 일주일간 '가을 책가방 없는 주간'이 이어졌다. 지금 생각해도 참 좋은 시스템이었다. 프로젝트 학습 기간 동안 온전히 교실에서 다른 행사나 범교과 교육에 신경을 덜 쓰고, 집중적으로 책가방 없는 주간을 운영할 수 있다는 장점이 얼마나 큰 것이었는지 시간이 지나고 나니 더욱 선명히 알게 되었다.

[놀이 중심 콘서트 : 가을 책가방 없는 주간]

6학년 '가을 놀이 중심 교육과정 콘서트'는 총 34시간이며 크게 전 학년 공통 프로그램과 학년 자율프로그램으로 나뉜다.

전 학년 공통 프로그램으로는 생명 존중 예방 교육, 성폭력 예방 교육, 흡연 예방 교육과 같은 범교과 학습들이 있었고, 예술 동아리 활동을 넣어 학교 행사인 교육과정 발표회 준비를 겸하기로 하였다.

공통 프로그램의 내실 있는 수업을 위해 대부분 외부에서 강사를 섭외하여 코티칭으로 수업이 진행되었다. 전체 학년이 일정을 조율하여 프로그램을 짜고 강사 선생님 시간이 겹치지 않게 하는 일이 쉽지는 않았지만 학생들은 일주일간 학습에 대한 부담이 없이 다양한 범교과 교육을 제대로 받고 즐길 수 있었다. 그 외

〈의식주 문화 체험〉

나머지 시간들은 학년 자율 프로그램으로 구성하였다.

'가을 놀이 중심 교육과정 콘서트 주간'의 가장 특색 있는 프로그램은 프로젝트 수업에서 학생들이 설계하여 제안한 프로그램으로 6시간의 세계 문화 체험 프로그램이었다. 프랑스 문화원에 계시는 분을 초청하여 2시간 동안 프랑스 문화를 체험하고, 3시간은 브리또, 월남쌈 등의 음식 만들기 체험을 통해 다른 나라의 문화를 경험했다. 마지막 1시간은 세계의 건축물 모형 만들기로 6시간 동안 세계의 의식주를 체험하는 시간이 되었다.

두 번째는 독서 프로그램이다. 슬로우리딩을 주제로 찾아가는 학교 도서관 프로그램을 신청하여 전문적인 수업을 받고 독서 방법에 관해 알아가는 시간이었다. 바로 이어진 프로그램은 지역사회와 연계하여 마을 안전 골든벨에 참가하는 것이었다. 책가방 없는 주간이 정해져 있으니 외부와 연계한 프로그램을 운영하기에 유연성을 발휘할 수 있고, 학생들도 체

험 가능한 프로그램의 수와 범위가 확대되어 더욱 살아있는 교육이 가능했다.

세 번째는 과학 체험으로 학생들의 흥미를 반영한 프로그램으로 워킹 글라이더 만들기가 있었다.

〈워킹 글라이더 만들기〉

빅마우스 텀블윙이라고 불리는 워킹 글라이더를 만들어보고 비행기의 원리를 생각하면서 빅마우스 텀블윙을 더 오래 날릴 수 있는 방법을 찾아보는 것이었다.

마지막은 봉사활동이었다. 흔히 학교에서 하는 봉사활동은 체험학습을 가서 쓰레기 줍기 정도를 실천

〈경로당 봉사활동〉

하는 경우가 많다. 봉사활동을 제대로 했으면 좋겠다는 동학년 선생님과 의견을 모아 학생들이 실제적으로 봉사할 수 있는 방법을 함께 고민하였다. 학교 근처에 학생들이 지나다닐 때 마다 보았던 경로당이 있는데 거기에 실제로 가서 어르신께 즐거운 시간을 만들어 드리는 프로그램을 준비했다. 독서 프로그램을 하면서 감명 깊었던 그림책을 읽어주겠다는 학생, 예술제 무대를 준비하면서 연습하고 있던 리코더를 연주하겠다는 학생, 맛있는 다과를 준비해서 재미있는 이야기를 들려주겠다는 학생 등 다양한 프로그램을 직접 준비해서 2시간 동안 경로당에서 의미 있는 시간을 보냈다. 봉사활동의 의미를 깊이 되새길 수 있는 시간이었다고 생

각한다.

 어찌 이렇게 학교의 모든 교육 활동이 진짜로 실현될 수 있을까 하는 생각이 들 수밖에 없다. 학교의 교육과정 시스템이 교육 활동의 진정성까지도 높여줄 수 있다는 것을 제대로 느낀 시간이었다.

 지금까지 소개한 '가을 교육과정 콘서트' 사례는 2017년 6학년 이대현 선생님의 지도 사례이다. 우리 아이들이 얼마나 행복하였을지 상상해 보라. 1시간 수업 시간이 끝나면 공부하던 교과서를 덮고 다음 교과서를 꺼내는 일이 매일 반복된다면 어떨까? 무엇인가를 배우는 데 들어가는 시간이 학생들마다 다른데 시간표에 따라 교과서대로 수업을 하고 있는 모습은 30년 전 그대로이다.

 학교마다 교육 계획서와 교육과정 편성 지침을 보면 복잡하고 틈새가 보이지 않는다. 그러나 교육과정 문해력을 가지고 자세히 들여다보면 굉장히 자유로운 교육적 상상력을 펼칠 수 있다. 우리는 학생과 교사 모두가 성장하는 학교 교육과정 시스템을 만들고 무한한 교육적 상상력을 펼칠 수 있도록 좋은 수업으로 아이들과 교사 모두의 성장을 도와야 한다.

 학교 교육과정이 교실에서 실행되는 교육과정과 유기적으로 연결되고 모든 교실에서 이와 같은 교육과정이 실행될 수 있다면 혼자서 열심히 하는 교사 교육과정보다 훨씬 더 큰 시너지를 낼 것임에 틀림없다. 그 속에서 아이들도 교사도 모두 성장하는 것이다. 학교 교육과정은 더 이상 문서로서의 교육과정이 아니다. 모든 교실에서 수업으로 실행될 때 비로소 국가·학교·교사가 교육과정을 한 방향으로 바라볼 수 있다. 이때 교육공동체 모두의 성장이 일어난다. 이것이 '교실혁명'이다.

제6장

교사의 성장 지원하기

좋은 관계를 위한 학급경영

　새 학년을 준비하는 가장 설레는 순간은 학급 편성과 담임 발표이다. 아이들과 학부모도 어떤 선생님이 담임이 될지 긴장되기는 마찬가지이다. 학년 담임은 교사의 희망을 받고, 학교에서 회의를 거쳐 결정되지만 학생들이 담임을 만나는 것은 담임교사의 손에 달렸다. 아이들 이름이 적힌 여러 개 봉투 중 하나를 1-1반 선생님이 뽑으면 그 봉투 속에 있는 이름은 1-1반이 되는 것이다.

　이렇게 시작되는 아이들과 한해살이 인연의 소중함을 아는 교사라면 설렘과 두려움으로 선생님을 바라보는 아이들의 눈빛을 실망시키지 않아야 한다. 교사와 학생이 함께하는 한해살이는 많은 시간을 학교에서 보내는 아이들의 성장에 중요한 영향을 미칠 뿐 아니라 교사 자신에게도 자기효능감을 느끼는 중요한 시간이다. 따라서 좋은 관계 맺기를 통해 아이들이 수업에 참여할 수 있도록 한해살이 계획은 세심한 준비가 필요하다.

　교사와 아이들이 함께하는 한해살이가 바로 학급경영이며 이것은 학교경영의 중요한 성공요인이다. 학교경영이 교육 목표 달성을 위하여 비전과 철학을 설정하고 수행하는 정책적 기능이 주가 된다면, 학급경영은 교육과정 운영을 통하여 비전과 철학을 실현하는 최하위의 경영 체제인 것이다. 교사들은 학급경영을 위해 진도표 작성, 교수·학습 활동, 학급 질서 유지, 학급 사무 수행 등의 업무를 수행한다. 교사들이 학급에서 수행하는 이와 같은 일들이 바로 OECD의 TALIS에서 실시하는 교사 효능감 측정 지표에 포함되는 것들인데 앞에서 소개한 바와 같이 우리나라 교사들의 자기 효능감은 대체로 낮은 편이다.

교사가 체계적인 학급경영으로 아이들과 좋은 관계와 수업 참여를 이끌지 못하면 교실은 흔들릴 수밖에 없다. 10여 년 전 EBS에서 전국의 수업 잘하는 고수 12인을 찾아 '최고의 교사' 프로그램을 화제 속에 방영한 일이 있다. '최고의 교사'들의 공통점은 아이들과의 좋은 관계를 통해 최고의 수업 참여를 만들어 가는 능력이었다.

만약 우리 교실에 물건은 여기저기 흩어져 있고 복도와 신발장에 먼지 덩어리가 굴러다니며, 수북이 쌓인 분리수거는 오늘 당번이 누구인지를 몇 번 확인하고 나서야 비워지는 교실이 있다고 상상해 보자. 이런 교실은 예외 없이 교실 수업도 무너져 있음을 알 수 있다. 무너진 교실에서는 아이들이 교사의 말에 주의를 기울이지 않기 때문에 소소한 말다툼도 학부모 민원, 학교폭력의 불씨를 만들며 학교 전체 교육력까지도 저하시킨다.

나는 허승환 선생님의 학급경영 직무연수에서 무너진 교실을 진단하는 방법 2가지를 들었다. 첫 번째는 '시끄럽다', 두 번째는 '교사의 지시를 따르지 않는다.'는 것이다. 그리고 무너진 교실을 진단하는 또 다른 방법은 신발장의 실내화, 아침자습시간, 복도를 이동하는 아이들의 태도, 이 3가지를 보면 바로 알 수 있다고 하였다. 아이들을 가르쳐 본 교사라면 이 의견에 충분히 공감할 것이다.

나는 교사시절뿐 아니라 교장이 되어서도 이런 모습을 실제로 경험하였다. 2016년 우리 학교는 나를 비롯한 많은 교사의 인사이동으로 학교가 매우 혼란스러웠다. 쉬는 시간에 소리를 지르며 복도를 달려가는 아이들로 교장실 앞은 늘 시끄러웠다. 교사들이 퇴근한 빈 교실을 둘러보면 살이 부러진 우산, 씻지 않은 걸레, 먼지 뭉치, 짝 없는 실내화들이 교실과 복도에서 뒹굴고 있었다. 프로젝트 학습 결과물도 교실마다 확연한 차이가 보였다. 학급 질서 유지에 실패한 교사는 아이의 문제 행동을 견디지 못하고 질병 휴직을 하였고 그 학급의 담임은 3번이나 교체되었다. 신규 교사가 오면서부터 오히려 교실은 조금씩 안정이 되어 갔다.

나는 이런 모습을 몹시 걱정하면서 교사들의 학급경영 능력을 높여야겠다고 생각하고 그 당시 서울 난우초 허승환 선생님을 모시고 3월의 학급경영 연수를 2년 연속 실시하여 출발점 행동 고르기 교육과정을 편성하였다. '3·7·30' 학급경영 전략이 바로 그것인데 이것은 지금도 남대구초등학교의 학교 교육과정에 편성·운영되고 있다.

'3·7·30'이라는 새학년 학급 만들기는 3월 한 달 안에 한 해의 80%가 결정된다는 3월 학급경영의 중요성을 강조하는 법칙이다.

먼저 3의 법칙은 새 학년 시작 3일 안에 선생님을 좋아하게 만드는 전략이다. 이것을 위하여 새 학년 시작부터 3일 동안은 좋은 관계 맺기를 위하여 아이들과 친교 놀이, 함께 지키고 싶은 우리반 학급 규칙 만들기 등의 활동을 한다.

7의 법칙은 7일 동안 교실에 교사가 없어도 학급의 하루가 돌아가는 시스템을 만드는 전략이다. 예를 들면 함께 정하는 1인 1역, 교실 청소, 급식 시간, 아침 인사, 아침 독서, 사물함 정리, 복도 통행, 화장실 사용, 기본 학습 규칙 등의 중요성을 아이들이 이해하고 실천하도록 지도하는 것이다. 이와 같은 공동체 생활 규약들을 새 학년 7일간 반복 지도하여 교사가 없어도 학급 질서가 유지되는 안정적인 루틴을 만드는 것이다.

30의 법칙은 3의 법칙과 7의 법칙으로 만든 학급경영 루틴을 3월 한 달 즉 30일간 반복 지도하여 습관화하는 것이다.

나는 '3·7·30' 학급경영을 전 학급이 실천하기 위하여 3월 2주까지 기본 생활 습관 교육을 위한 수업 시수를 매일 1시간 편성하고 모든 학급에서 반복 지도하게 하였다.

교실에서 화장실까지 뛰지 않고 걷기, 급식실 줄서기와 잔반 한곳으로 모아 버리기 등 3월 첫 주부터 30일간 잘못된 습관을 바로잡으며 반복 지도하는 모습을 지켜본 기억이 난다. 기본 생활 습관 교육은 한 학급만 해서는 효과가 없다. 우리반은 실천하는데 옆 반이 뛴다면 아이들은 곧 따라 하기 때문이다.

3월의 학급경영 연수를 실시하고 3월 한 달간 모든 학급에서 함께 지도한 결과 긍정적 관계 형성은 물론 아이들의 수업 참여가 몰라보게 나아지는 모습을 볼 수 있었다. 이것이 바로 초등학교의 교육 목표인 기본 생활 습관 교육이고 남에게 피해 주지 않는 인성 교육이다.

학급경영 전문성이 부족한 교사일수록 아이들을 수업에 참여시키지 못하고 불통의 원인이 되어 학교폭력, 교권 침해 등 갈등을 유발한다. 이런 교사는 심지어 아이들이 자신을 싫어한다고 생각하거나 무능력한 교사로 평가받는 일을 걱정하는 등 교사의 자기 효능감이 낮아져 부적응 교사가 될 위험도 있다.

지난해 스승의날 교원 인식 설문 조사에서, 가장 되고 싶은 교사상을 묻는 질문에, '학생을 믿어주고 잘 소통하는 선생님'이 28%로 가장 높게 나타났다. 2019년 조사 이래 5년 연속 1위로 꼽혔다는 것은 더 놀라운 사실이다.[29] 교사들의 소신과 열정이 회복되도록 교권 보호와 근무 여건 개선이 필요하다는 사실에 대해서는 어느 정도 사회적 공감을 얻어 내었지만 실제로 개선이 되려면 아직도 시간이 많이 걸릴 듯하다.

그러나 그런 제도가 마련되어도 선생님들의 간절한 열망인 '학생을 믿어주고 잘 소통하는 선생님'은 교사의 노력에 달려 있다. 아이들의 마음은 법으로 얻을 수 없기 때문이다. 학급경영에 대한 다양한 전문 서적을 읽거나 연수에 참여하고 동료 교사와 노하우를 공유하며 배우고 실천하는 자세가 뒤따라야 한다. 결국 제도 개선은 우리의 전문성 확보에서 먼저

---

[29] 한국교원단체총연합회(2023.5.14.), 보도자료에서 인용함.
"제42회 스승의 날 기념 교원 인식 설문 조사 결과 발표"

시작되어야 제대로 개선될 수 있음을 나는 다시 강조하지 않을 수 없다. 허승환 선생님이 연수 후 당부했던 말을 들려주며 이 장을 마무리한다.

"연수를 통해 배운 것은 7일 안에 실천하라."

도전, 100가지 수업 기술 익히기

"교육의 질은 교사의 질을 넘을 수 없다(Adam Brooks)."는 유명한 교육 격언이 있다. 이때 교사의 질을 규정하는 핵심적 역량이 '수업'임은 두말할 필요가 없다. 우수한 수업 기술을 활용하였을 때, 아이들의 학업 성취가 높아진다는 것 또한 이미 많은 연구에서 증명되었다. 나의 교사 경험을 되돌아봐도 수업 잘하는 교사는 아이들의 생활지도, 학습 의욕을 높이는 일까지도 잘하였다.

이처럼 교사의 우수한 수업 기술은 교육의 질을 높이는 결정적 요소이기 때문에 교수·학습 방법 개선을 위한 끊임없는 노력으로 전문성을 기르는 일은 교사들의 필수적인 책무라 하겠다.

나는 수업 전문성 개발을 위해 노력하는 교사들을 위하여 무코야마 요이치의 『프로교사 검은 띠 6조건』을 소개하고자 한다.[30] 여섯 가지에 담긴 메시지는 우리 교사들이 어떤 자세로 전문성 개발을 위해 살아가야 할 것인가에 대해 많은 질문을 던져준다.

제1의 조건 : 우수한 교육 기술 방법을 100가지 체득하는 일이다.

제2의 조건 : 우수한 교사의 수업을 100회 추시해 본다.

제3의 조건 : 연구 리포트(미니 논문)를 100편 쓴다.

제4의 조건 : 연구 수업을 100회 해야 한다.

제5의 조건 : 연구회에 100번 참가해야 한다.

제6의 조건 : 자신의 돈을 내고 배워야 한다. (100만 엔 정도)

프로교사가 되기 위해 교직 생애 동안 노력해 나아갈 방법들이 매우 구체적으로 제시되어 있어서 의지만 있다면 누구라도 자기 수업 기술 개발의 지침서로 활용할 수 있다. 물론 '프로교사 검은 띠 6조건'을 그대로 실천해야 하는 것은 아니다. 이 조건 중 한 가지만 꾸준히 실천하여도 전문성은 꽤 향상될 것이라 여겨질 정도이니 말이다. 따라서 자기 수업 전문성 수준을 진단하고 자기만의 수업 전문성 개발 지침서를 만드는 데 활용해 보면 좋을 듯하다.

여섯 가지 조건 중 내가 잘하고 있는 것은 횟수를 줄일 수도 있으며 다른 방법을 추가해도 좋다. 예를 들면 '우수한 수업 50회 보고 따라 하기', '매년 2회 동료 교사와 수업 설계하고 나누기', '한 달에 1가지씩 새로운 수업 기술 적용하고 방법 기록해 두기', '전문학습공동체와 매주 1회 수업

---

30) 무코야마요이치, 한형식 번역(2012), 『아이들이 열중하는 수업에는 법칙이 있다』, 즐거운학교, p.76~83의 내용에서 인용함.

성찰하기'와 같은 방법으로 재구성해도 된다. 중요한 것은 1가지 방법만이라도 스스로 자기 장학의 방법을 정하고 꾸준히 실천하는 것이다.

나는 책을 읽고 '프로교사 검은 띠 6조건'을 나의 교직 생애에 비추어 보고 성찰해 보았다. 39년간 연구 수업 100회, 우수한 수업 100회 보고 모방하기, 내 돈 주고 배우기는 잘 실천하였던 것 같다. 특히 우수한 수업 따라 하기와 내 수업 공개하기는 목표를 무난히 달성하였다. 그러나 우수한 교육 기술 방법 100가지 체득하기는 아무리 생각해도 40개 정도밖에 기억나지 않았다. 연구회 100번 참여하기는 전문직 전직 이후에는 거의 하지 못하였다. 특히 연구 리포트(미니 논문) 100편 쓰기는 매우 부족하였다.

나는 얼마 남지 않은 나의 교직 생활을 되돌아보면서 우리 학교 선생님들과 함께 우수한 수업 기술 100가지 배우기를 완성하기로 마음먹었다. 그리고 연구 리포트(미니 논문) 100편 대신 그동안의 수업 연구와 실천 사례를 정리하여 글로 쓰기로 하였다. 마침 3월부터 학교로 전직을 하게 되면서 선생님들과 수업 기술 100개 완성하기 도전은 바로 시작할 수 있었다.

우리 학교는 IB PYP 월드스쿨 인증학교로서 정책 과제를 매년 개발해야 하는 상황이었고 작년에 이미 교사들이 교수·학습 전략 개발을 정책 과제로 정해둔 상황이었다. 이것은 나의 수업 기술 100가지 완성하기 목표와 딱 맞아 떨어져 정말 다행이었다.

열정 많은 선생님 한 분이 수업 기술 몇 가지를 먼저 적용해 보고 동료 교사들이 쉽게 따라 할 수 있도록 수업 기술 제안 서식을 PPT로 만들어 공유하여 주었다. 제안 서식은 수업 기술 이름, 활동 방법, 활동 사례, 참고 자료, 수업에 적용하는 순서로 슬라이드가 구성되어 있고, 슬라이드 마지막에는 제안된 수업 기술을 직접 실천해 본 동료 교사들이 적용 후기를 쓰도록 만들어 실천 결과 공유도 가능하였다.

다음은 내가 2016년에 아이들이 '올해 가장 기억에 남는 수업'으로 선정했던 PBL 수업 방법과 사례를 제안한 내용이다.

PBL 수업 전략

(제안자 : 교장 안영자)

1. PBL(Problem Based Learning) 수업이란?

학습해야 하는 내용을 모두 포괄하는 실제적인 문제를 제시하고, 문제 해결을 위하여 학습자들이 스스로 개별 또는 협동학습을 통해 문제에 대한 해결안을 마련하는 과정에서 일련의 학습이 이루어지게 되는 학습 방법이다.(Barrow, 1985)

2. PBL 수업 흐름

문제 파악 및 과제 수행 계획 수립→자료 수집 아이디어 모으기 → 문제 해결하기 및 결과 정리→결과 발표 및 평가

3. 활동 방법

- 주제 : 살기 좋은 마을 만들기
- 성취기준 : 우리 마을을 여러 가지 방법으로 표현한다.(2학년, 즐거운 생활)

- PBL 수업 흐름(6차시로 재구성)
  · PBL 문제 만나기, 과제 수행 계획 세우기(1/6)
- 모둠별 과제 해결을 위한 역할 분담
  · 모둠별 1차 협의회 및 과제 수행 계획서 검토(2/6)
- 우리 마을에 필요한 것 찾기
  · 모둠별 2차 협의회 및 만들 계획 세우기(3/6)
  · 모둠별 살기 좋은 마을 작품 만들기(4-5/6)
  · 작품 발표 및 평가, 성찰하기(6/6)

〈본 수업을 위한 PBL 개발 문제: 대명2동 동장님의 영상 편지〉

주제 : 살기좋은 마을 만들기

어린이 여러분 안녕하세요?
저는 OO동 동장 김ㅇㅇ입니다.
　저는 OO초등학교 2학년 친구들이 우리 마을 탐험을 하고 있는 것을 보았습니다. 우리 마을은 교통이 좋고, 인정이 많으며, 여러 가지 시설과 장소가 있어 살기 좋은 마을입니다. 그러나 아직도 우리 마을에는 불편한 점도 있습니다. 저는 우리 마을이 더 행복한 마을이 되도록 마을 탐구를 하고 있는 OO초등학교 2학년 친구들의 순수하고 기발한 의견을 듣고 싶습니다.
　다음과 같이 「살기 좋은 마을 만들기 작품 공모전」을 개최하니 우리 마을을 사랑하는 마음으로 여러분들이 꼭 참여해 주세요!

「살기 좋은 마을 만들기 작품 공모」

　우리 마을을 더 살기 좋은 마을로 만들기 위하여 다음과 같이 공모전을 개최하니, 마을을 사랑하는 마음으로 공모전에 적극 참여하여 주시기 바랍니다.

○ 주최 : ○○동 주민자치센터
○ 대상 : 초 2~3학년(3~5인 팀 구성)
○ 참가 신청서 제출 : 2016.10.26.(수) ~ 11.4.(금), 담임 선생님께
○ 작품 내용 : 우리 마을에 필요한 시설, 장소, 직업 등을 생각하여 더 살기좋고 행복한 우리 마을 디자인하기
○ 작품 제작 방법 : 재활용품 등 다양한 재료 활용
○ 작품 제출 : 2016. 11. 4.(금)~11.10(목), 교무실
○ 심사 기준 : 마을 사람들에게 실제적으로 도움을 줄 수 있는 내용이 나타난 작품(마을 주민 대표들이 심사)
※ 당선된 작품은 동장님께서 상품을 수여할 예정이며, 주민센터에 한 달간 전시함

4. PBL 수업을 적용해 보니
 - 수업의 주인이 학생이 됩니다.
 - 실제성을 느끼며 삶과 연계된 학습이 가능합니다.
 - 혼자서는 문제를 해결 할 수 없습니다. (협력적 문제 해결력 향상)
 - 성취기준에 맞는 PBL 문제 개발에 교사의 시간과 노력이 많이 듭니다.

5. 선생님께서 적용해 보시고 후기 남겨 주세요.

PBL 수업은 IB 프로그램 UOI(Unit of Inquiry)의 적용 단계에서 활용하면 매우 효과적인 수업 기술이다. 지금까지 나는 15개의 수업 기술을 PD 공유방에 제안하고 교사들에게 활용 방법을 소개하였으며 앞으로도 계속 제안할 예정이다. 수업 기술은 오래 전부터 교사 연수나 인터넷, 장학 자료, 온라인 플랫폼 등에 흩어져 있는 자료들이 많아서 조금만 주의를 기울이면 쉽게 찾을 수 있다. 따라서 흩어진 수업 기술들을 찾아서 정리하는 노력도 중요하지만 그보다는 수업에 직접 적용해보고 자기 수업 기술로 재구성하는 연습이 더 중요하다.

우리 학교는 제안된 수업 기술을 한곳에 모으기 위해 구글 플랫폼에 PD(Program Development) 공유방을 만들고 올리기로 하였다. 요즘은 구글 플랫폼에서 패들릿 등을 활용하여 각종 자료를 공유하는 것에 익숙하다. 시간도 절약되고 상호 소통도 편리하며 탑재한 자료에 대한 수정도 계속할 수 있어 여러모로 유익하였다. 그러나 교사들이 바쁘다보니 PD 공유방에 들어가서 제안된 수업 기술을 열어보지 않는 경우가 많았고 수업 기술 제안서를 읽고도 이해하지 못하여 수업에 바로 적용하지 못하는 문제도 있었다.

그래서 제안된 수업 기술 중에서 쉽게 적용할 수 있는 것은 제외하고 추가적인 설명이나 실습이 필요한 것은 추천을 받아서 실습 위주의 연수를 하기로 하였다. 온·오프라인 수업 기술 익히기 연수를 시작한 것이다. 강사도 수강생도 모두 우리 학교 교사들이고 연수 전 PD 공유방의 제안서를 훑어보고 참석하였다. 매월 넷째 주 월요일 특별한 연수가 없을 때는 전 교원이 2~3개 정도 수업 기술을 실습하고 익혔다.

나는 내가 제안한 15개의 수업 기술 중 실습이 필요하다고 요청이 들어온 내용에 대하여 연수를 하였다. 놀이 중심의 질문 수업 방법인데 '까바놀이, 까만놀이, 까주놀이'이다. 1급 정교사 자격연수에서 경남 양경윤 수석교사 강의를 청강하며 배웠는데 재미있어서 교사들에게 전해주고 싶었던 활동이었다. 5-1학기 국어 교사용 지도서에도 이 활동이 소개되어 있었다. 나는 3가지 질문 놀이 방법을 가르치고 교사들은 아이들 입장이 되어 이 활동을 따라 하였다. 다음은 실습 장면이다.

[제안한 수업 기술 안내하기]

까바놀이는 1:1 짝활동입니다. A가 '~습니다' 문장을 말하면 B는 '~습니까?'로 바꾸는 놀이입니다. 1~2분 등 정해진 시간 동안 짝과 몇 개 질문을 만드는지 비교해 보는 것도 좋습니다. 이 활동은 경청, 기다림, 어휘력, 관찰력, 상황 파악 능력, 문장력, 공감력 등에 효과적이니 교실에서 적용해 보고 적용 소감도 올려주세요.

〈시범 보이기〉

A : 시계가 있습니다.

B : 시계가 있습니까? TV도 있습니다.

A : TV가 있습니까? 책상도 있습니다.

B : 책상이 있습니까? 컴퓨터도 있습니다. 이렇게 이어가면 됩니다.

이제 그림책 『혼나지 않게 해주세요』 7쪽의 글과 그림을 보며 짝과 까바 놀이를 해보세요. 1분간 질문을 몇 개 만들었는지도 알아봅시다.

〈까바놀이 실습 : 짝활동〉
A : 남자 아이가 고개를 숙이고 있습니다.
B : 남자 아이가 고개를 숙이고 있습니까? 고양이가 아이를 보고 있습니다.
A : 고양이가 아이를 보고 있습니까? 아이가 표정이 어둡습니다.
B : 아이가 표정이 어둡습니까? 아이가 학교에 가고 있습니다.

마침 2학년은 슬기로운 생활 [2슬01-04] '사람과 자연, 동식물이 어우러져 사는 생태를 탐구한다.'는 성취기준을 지도하는 시기여서 이 수업 기술을 바로 적용하였다. 아이들은 우리 학교의 자연을 살펴보면서 색깔, 촉감, 모양, 소리, 움직임 등 여러 형태를 관찰하고 문장과 질문을 만드는 활동에 적용하였다. 이것은 IB PYP 과정에서 개념 기반 탐구수업을 하는데 필요한 7가지 주요 개념(형태, 기능, 인과 관계, 변화, 연결성, 관점, 책임) 중 '형태'의 개념을 이해하는 데 효과적인 질문 기술이었다. 다음은 저학년 '까바놀이' 적용 소감이다.

주제 : 우리 학교에 있는 자연 살펴보기
(적용 방법) 아침 자습 시간에 바깥 놀이를 나가서 학교 뜰의 여러 자연의 모습을 사진으로 찍었다. 여러 자연의 모습 중 1개를 선택하고 오감을 이용하

여 형태를 살펴보며 이야기를 나누는 활동에 '까바놀이'를 적용하였다.

A : 철쭉꽃이 있습니다.

B : 철쭉꽃이 있습니까? 철쭉꽃이 빨갛습니다.

A : 철쭉꽃이 빨갛습니까? 철쭉꽃 잎이 작습니다.

B : 철쭉꽃 잎이 작습니까? 철쭉꽃 나뭇가지는 거칠거칠 합니다.

A : 철쭉꽃 나뭇가지가 거칠거칠 합니까? 철쭉꽃 잎은 초록색입니다.

B : 철쭉꽃 잎은 초록색입니까? 철쭉꽃은 흰색도 있습니다.

A : 철쭉꽃은 흰색도 있습니까? 철쭉꽃 줄기는 나무색입니다.

〈적용해 보니〉

– 생활 주변에 있는 자연의 형태를 자세하게 관찰하는 태도를 기름.

– 친구의 말을 경청하고, 의사소통기능, 어휘력 발달에 도움.

– 제한된 시간에 다양한 질문을 하게 됨.

교사 시절에 했던 수업 방법들을 떠올리며 제안서를 만들어 보니 제법 시간이 걸렸지만 재미도 있었다. 3월부터 시작하여 3개월 만에 벌써 43개의 수업 기술이 PD 공유방에 모였다. 이렇게 모아진 수업 기술들은 교실에서 학생 주도 수업 전략으로 활용되고 있다. 어느 교실을 들어가 보아도 수업이 활기차고 아이들이 즐거워하는 모습을 보는 것은 교장으로서 더 없이 감사한 일이다. 우리는 여름·겨울 방학 때 전 교원이 각자 2

개씩 수업 기술 익히기를 자율연수 주제로 정하고 공유하기로 하였다. 39년의 교직 생활 동안 40개 정도밖에 기억나지 않는데 3개월 만에 43개를 넘었으니 이것은 정말 놀라운 협력의 경험이었다.

〈수업 기술〉

신호등 토의, CSI 기법, 핫 시팅 기법, 육색 사고 기법, 회전목마 토의, 월드 카펫, 갤러리 워킹, 하얀 거짓말, 스펙트럼 기법, 가치 수직선 토의, PMI 기법, 속성 열거법, 피라미드 토의, 우리나라 지형도 읽기, 우리 고장 지도 정보 읽기, Prayer 모델, 피쉬본(생선뼈)토의, 연꽃 기법, 두마음 토론, 어항 토의, 나침반 침, 분필 대화, 빨간불 노란불, 비유, 문장-문구-단어, 형태를 나타내는말, 주장-근거-질문, 까주놀이, 까바놀이, 까만놀이, 환경 그림책, 지식 그림책, 자기 동작 탐구, Connect-Extend-Challenge, Why-Why-Why Chain, 생각-질문-탐색, Quiz Quiz Trade, STW(See-Think-Wonder), KWL, PREP 기법 등

교사들이 수업 설계 시 가장 먼저 하는 일은 교육과정을 분석하고 '무엇을?', '왜?' 가르치는가를 찾는 일이다. 그 다음은 '어떻게', 즉 수업과 평가 전략을 고민하게 된다. 따라서 수업 기술을 실천하고 기록해 두면 수업과 평가 준비에 드는 교사의 부담을 많이 줄일 수 있다. 특히 초등학교 교육과정은 교사들의 교수·학습 지도 능력뿐만 아니라 노래, 운동, 게임, 에듀테크 활용에 이르기까지 다양한 기술적 전문성도 요구된다. 하지만 교

사들이 이와 같은 전문적 기술을 두루 갖추기는 쉽지 않다. 따라서 전 교과에 활용될 수 있는 수업 기술 목록 100개를 실천하고 기록해 둔다면, 자신의 부족한 부분을 보완하고 아이들을 지도하는 데 유용하게 활용할 수 있다.

전 교과에 적용 가능한 100개의 수업 기술을 실천한 교사는 '프로교사 검은 띠 6조건'을 충족하지 않더라도 이것만으로도 수업 전문가로 인정해도 될 정도이다. 그만큼 실천이 쉽지도 않을 뿐더러 수업 기술은 교사 전문성을 기르는 데 필수적인 요소이기 때문이다.

나는 그간의 수업 경험 속에서 수업 기술 100개를 모으는 것으로 교사 시절 못다 한 도전 목표를 이루었다고 생각하지는 않는다. 그것은 교사들이 자기만의 방식으로 실천 속에서 스스로 수업 기술을 터득해 나갈 때 비로소 완성됨을 알기 때문이다. 그래서 나는 우리 학교 선생님들이 지금 시작한 도전을 멈추지 않고 수업 전문가로 계속 성장하기를 마음속으로 간절히 응원하고 있다.

우리나라의 우수한 교사들이 저마다의 수업 기술을 이렇게 공유한다면 대한민국 교육의 새 역사가 열리지 않을까?

교사 동료성, 전문학습공동체

'三人行 必有我師'는 세 사람이 길을 가면 반드시 나에게 가르침을 주는 스승이 있다는 공자님의 말씀이다. 함께 길을 가면 가르침도 얻지만 즐거움은 더 커진다. 이것이 바로 전문학습공동체이다. 그동안 뜻있는 교육학자나 교육행정 기관에서는 수업 중심 학교문화를 위한 교사들의 전문학습공동체의 필요성과 실천을 수없이 강조하여 왔다. 하지만 우리나라는 여전히 교실 고립주의를 벗어나지 못하고 있다.

교사 직업 환경 조사에서 '가능하면 나는 다른 학교로 전근을 가고 싶다'와 같은 부정적 진술에 동의한 우리나라 중학교 교사 비율이 35.1%로 OECD 평균 20%보다 높았다. 특히 5년 이하 교사가 42.8%로 더 높게 나타났다.[31] 초등학교 교사도 예외는 아니라고 생각된다.

왜 교사들은 다른 학교로 떠나고 싶어 하는 것일까?

이 결과는 단순히 행정업무 때문이라고 보기만은 어렵다. 다른 나라 학교의 교사들도 업무 스트레스는 있다. 업무 없는 학교는 없고 큰 학교는 업무가 적어도 학부모 민원이 많다는 것은 누구나 알고 있는 사실이다. 따라서 '다른 학교로 가고 싶다.'에 높게 응답한 원인은 협력적이고 민주적이지 못한 학교문화의 단면을 보여주는 것이라 하겠다. 동료 교사가 특별한 수업 활동이나 학급 행사를 하면 유난 떠는 교사로 오인되어 동학년 눈치를 봐야 한다는 이야기를 들은 적도 있다. 우수한 인재들이 모여 있는 학교에서 교사들이 서로에게 수업 중심 학교문화의 마중물 역할을 해야 하는데 동료 교사의 오해를 받는 것이 싫어서 혼자 수업을 연구하거나 열정을 포기하는 모습은 참으로 안타까운 일이다. 나는 이와 같은 우리나라 교사들의 교실 고립주의를 꼬집은 책을 읽고 진심으로 공감한 적이 있다.

> "교사와 학교가 교육개혁 정책을 외부의 압박과 통제로 인식하고 있는 것은 오랜 기간 동안 학교 조직이 공통된 비전과 가치, 그 학교만의 교육철학 수립에 몰입할 수 있는 여건에 노출되지 못했거나 성공 경험이 부재했기 때문이다. 교사의 교실 고립주의 현상은 자신의 학년이나 학급에 관련된 일이 아니면 공동체 조직으로서 학교 업무나 활동에 큰 관심을 두지 않는다. 또한 학교 조직의 공통 사안과 학급의 업무가 갈등을 빚을 경우

---

31) 한국교육개발원(2019), 앞의 보고서, p.84~85에서 인용함.

학급 업무를 우선한다. 교사 대부분은 학교 운영 관련 협의회나 각종 위원회 참여, 교육과정 개발, 지역사회와의 관계 형성 등의 일보다는 홀로 해결할 수 있는 수업 준비, 학생 학부모 상담 관련 일을 우선 처리한다. 이렇듯 교사의 행위와 태도는 학교의 조직 문화를 어떻게 수용하느냐에 따라 독특하게 형성된다. 교사는 학교 외 다른 공간으로부터 교실을 구분 짓고 자신을 보호할 수 있는 경계선에 큰 의미를 부여한다. 교사는 이 경계선이 허물어지는 것을 싫어한다. 학생을 제외한 타인들이 자신의 경계선 안에 들어오는 것에 대해 낯선 외부인으로 취급하는 경향이 있다. 이런 규정은 타인을 잠재적 장애물로 생각하는 암묵적 신념 체계를 형성한다. 학교에서의 행위가 수업과 직접 관련이 없는 것이라고 판단할 경우 그 행위를 무시하거나 실천하지 않는다. 학교의 공통 업무에 대해서는 부정적이며 그 일을 하게 되면 자신에게 가장 중요한 환경인 교실로부터 에너지와 주의력을 빼앗기는 것으로 인식한다. 교실이 하나의 공간으로서 경계선을 갖고 보호받을 수 있을 때 교사의 주의력이 발현된다고 믿는 것이다."[32]

이와 같은 교사의 교실 고립주의를 이혁규 교수는 '벽장 속의 작은 거인'에 꼬집어 비유한 바 있다. 그동안 전국 시·도 교육청에서는 수업 전문성을 높이는 방법으로 교사들의 전문학습공동체를 활성화하기 위하여 다양한 정책을 추진하여 왔다. 이것은 교실 고립주의를 벗어나 수업 중

---

[32] 박승열(2016), 『교사를 세우는 교육과정』, 살림터, p.207에서 인용함.

심 학교문화를 만들기 위해서였다.

교사들도 협력에 기초한 전문성 개발이 더 효과적이라는 것은 이미 알고 있다. 그럼에도 불구하고 이런저런 이유를 들어 수업 나눔을 하지 않고 교실 칸막이를 걷어내는 일에 동참하지 않는다면 이것은 하기 싫다는 이유밖에는 없다. 몸이 아프면서 병을 고치는 데 필요한 쓴 약은 먹지 않으려는 아이들처럼, 어른으로서도 이런 모습은 바람직하지 않다.

앞으로 우리는 '다른 학교로 가고 싶은 학교'가 아니라 '떠나고 싶지 않은 학교'로 만들어야 한다. 이를 위해 교실을 서로 도와주는 협력의 공간으로 만들어야 한다. 사람들의 잠재된 성격이 쉽게 바뀌지 않는 것과 같이 나쁜 학교문화는 관습으로 굳어져 쉽게 개선되지 않는 특성이 있다.

그러나 마음만 먹으면 방법은 아주 간단하다. 함께하고자 하는 마음을 가진 두 사람만 있어도 된다. 일단 정기적으로 모여서 웃고 이야기만 해도 절반의 성공이다. 교사들이 모이면 본능적으로 수업, 아이들 이야기로 소통하기 때문이다.

우리 학교는 매주 월요일마다 교사들이 정해진 시간에 전문학습공동체 협의회를 한다. 1, 3주는 학년군 모임, 2주는 관리자와 부장 교사들이 리더십팀 협의회를 한다. 4주차 월요일은 전 교원이 모여 그간의 수업 사례를 공유한다. 수업 기술 100개 완성하기도 그래서 도전할 수 있었다. 계절마다 4회 정도 교사들은 장소를 옮겨 학교 밖 공간에서 협의회를 하기도 한다. 1년간 6개의 프로젝트 학습을 하려면 늘 수업 이야기를 하기 위해 모일 수밖에 없다. 모이면 정드는 것은 덤으로 받는 선물이다. 이런 즐거움을 아는 교사는 다른 학교로 전근을 가고 싶다는 부정적 반응을 보이지 않는다.

　수업 중심 학교문화에 성공한 학교들은 흔히 말하는 승진을 꿈꾸는 교사들이 모인 학교라서 협력하는 것일까? 승진 가산점을 주는 교실 수업 개선 연구학교의 경우 일시적으로 잘하는 것처럼 보이지만 곧 사라지는 경우가 대부분이었다. 우리는 그런 학교를 수업 중심 학교라고 부르지 않는다. 성공한 학교들은 대부분 관리자의 수업 중심 학교문화에 바탕을 둔 민주적인 리더십과 교사들의 자발성이 모여 학교의 비전을 공유하며 만들어낸 경우가 대부분이었다.

　얼마 전 우리 학교가 다른 학교 교사들을 모시고 수업 공개를 한 적이 있다. 나는 수업 공개보다 협의회가 그렇게 진지하고 의미 있었던 경험은 처음이었다. 수업 참관자에게 일주일 전 우리 학교 교육 활동에 대해 사전 질문을 받았고, 당일에도 참관자들이 본 것, 생각한 것, 궁금한 것을 포스트잇에 적어 붙이도록 하였다. 사전 질문과 현장 질문을 중심으로 하나씩 질문과 답변이 이어졌다. 답변은 수업자 한 사람에 국한되지 않고 동료 교사 모두가 수업자가 되어 이루어졌다. 질문에 대한 동료의 답변이 좀 부족하다 싶으면 질문자가 이해하기 쉽도록 자기 반의 사례를 덧붙여 소개하는 등 모두가 수업자 입장에서 답변하는 모습이 감동적이었다. 함께 설계하고 성찰하는 전문학습공동체가 아니고서는 동료의 수업과 학교 교육과정 운영 전반에 이르는 질문까지 부연 설명하기는 어려운 일이다.

　지금까지 대부분 수업협의회는 수업자 성찰이 끝나면 칭찬과 격려 일색으로 몇 가지 질문이 오고간 뒤 패널의 지도 조언을 듣고 끝났다. 또는 수업 관련 연구 주제 적용 사례를 듣고 '저렇게 하느라 정말 힘들었겠구나.' 하는 생각으로 협의회가 어서 끝나길 기다리는 모습을 보곤 하였다. 그러나 이날 협의회는 참관자도 답변자도 모두 진지하게 배우고자 하였으며 함께 성장하는 흐뭇한 시간이었다.

학교도 결국 사람과의 관계가 중요하다. 아직 여건이 준비되어 있지 않다면 나부터 동학년 교사 2~3명 정도 수업 이야기를 나눌 사람을 찾고 서로의 수업에 초대하고 공유하는 것부터 시작하면 좋겠다. 동료와 자투리 시간이나 퇴근 후 카페 또는 식당에서 수업 수다를 떨고 있는 모습을 상상해 보자.

행복한 사람을 옆에 두면 행복도 전염이 된다는 사실을 학교에서 경험할 수 있을 것이다. 이런 학교는 교사들이 힘들어도 떠나고 싶지 않은 학교이다. 나는 어느 날 우리 학교 선생님으로부터 놀라운 말을 들었다. "교장 선생님, 우리 학교 선생님들은 어느 선생님과 동학년을 해도 좋은 분들이에요.", "모두가 너무 열심히 하고 서로 도와주세요."

이런 학교가 떠나고 싶지 않은 학교, 행복한 학교가 아닐까?

다시 생각하는 수업 장학

운이 좋게도 나는 나의 교직 생활 마지막 학교로 '어느 선생님과 동학년을 해도 좋은 학교'에 근무하는 행운을 얻었다. 우리 학교는 10학급밖에 안 되는 대구 외곽 공단 지역에 위치한 소규모 학교로 IB PYP 월드스쿨이다. 학교의 규모와 환경은 내게 그리 중요하지 않다. 오히려 교육과정 중심학교라는 사실에 감사할 따름이다. 우리 학교는 매년 6개의 초 학문 주제를 중심으로 프로젝트 학습을 운영하는데 이것을 UOI라고 부른다. 아이들은 6개의 초 학문 주제에 대하여 개념 기반 탐구수업을 하면서 6년에 걸쳐 반복적으로 탐구학습을 경험하게 된다. 학년이 올라갈수록 학습의 깊이가 깊고, 넓어지는 것을 고학년 교실로 갈수록 확연히 느낄 수 있다. 연간 300시간 정도가 탐구 단원 즉 UOI(Unit of Inquiry)에 배당되고 단원 수준의 탐구수업도 이루어진다.

우리 학교는 1학기 대외 수업 공개를 준비하면서 사전 수업협의회를 학년별 각 2회씩 하였다. 1차 협의회에서는 중심 아이디어, 핵심개념,

ATL(학습기능), 관련 성취기준을 중심으로 UOI 전체 흐름에 대한 대강화된 수업자 의도를 먼저 듣고, 수업 공개 차시에 대한 수업 흐름과 활동을 함께 협의하였다. 2차 협의회는 수업자가 1차 협의회에서 나온 여러 가지 의견을 듣고 다시 고민하여 작성한 자료를 바탕으로 한 번 더 협의를 한다. 그리고 나서 수업자는 수업 흐름을 최종 확정한다. 그 이후에는 교사 스스로 생각하면서 수업 전략을 더 구체화시켜 나간다. 이렇게 설계된 수업은 교사에게 수업 방향에 대한 자신감을 주므로 왕초보 교사가 아닌 이상 실패할 확률이 거의 없다.

나는 6학년 선생님들과 사전 협의회를 하기 위해서 '나라면 이 수업을 어떻게 할까?'를 생각해 보았다. 개념 기반 탐구수업을 새롭게 배우는 의미에서 내가 먼저 설계해 보고 이야기를 나누기로 하였다. 사회 6-1학기 1. 우리나라의 정치 발전 단원 중 〈주제1〉 민주주의의 발전과 시민 참여를 중심으로 재구성하였다.

먼저 〈주제1〉의 교육과정을 분석해 보면 성취기준은 '4.19, 5.18, 6.10 등 역사적 사건을 중심으로 시민의 정치 참여 확대를 통한 민주주의 발전상을 파악하는 것'이 핵심이다. 교과 기능은 조사하기, 분석하기이므로 이런 탐구 기능을 수행할 수 있도록 수업 전략을 설계해야 한다. 평가의 유의점은 민주화 과정 탐구 보고서를 보며 자료 수집의 과정 및 내용, 분석의 타당성 등을 평가할 수 있도록 해야한다는 것이다.

다음으로 교과서를 살펴보면 〈주제1〉은 2개의 성취기준을 8차시에 걸쳐 지도하도록 집필되어 있어 1개의 성취기준을 최소 4시간 동안 여유 있게 지도할 수 있다. 또한 교과서에 실린 자료는 학습자 수준과 흥미에 맞지 않으므로 시민들의 정치 참여를 통해 민주주의 발전을 유추할 수 있는 다양한 시사 자료를 활용하여 탐구학습을 할 수 있도록 자료를 재구성할 필요가 있었다.

이와 같은 분석 결과를 토대로 [주제1]의 중심 아이디어는 교사 수준에서 '민주주의는 시민의 참여를 통해 발전한다.'로 정하였다. 그리고 8시간의 탐구 활동 마무리 단계에서 귀납적으로 중심 아이디어를 아이들이 함께 결론 내리도록 방향을 정하고 다음과 같이 교수·학습 활동 흐름을 설계하여 보았다.

[1차시]
· 단원에서 공부할 내용 확인하기
 - 삽화, 글을 보며 그림 까바놀이, 글 까바놀이로 단원 전체 내용 살펴보기

[2~3차시]
· 내가 생각하는 민주주의는 어떤 것인지 포스트잇에 적고 브레인스토밍하기
 - 민주주의는 ~ 이다. 이유는 ~ 때문이다.
· 짝과 민주주의에 대한 질문 주고받기(까주놀이) 하기
· 해방 이후 오늘에 이르기까지 민주화 과정 주요 사건을 연대별로 대략 살펴보기

- 교실 뒷면에 연표를 그리고 민주화 과정 주요 사건 표시하기
  - 연표에는 4.19혁명 이전, 조선시대도 나타내어 시민 참여 모습이 좀 더 비교되도록 한다.(조선시대는 기존 지식 수준에서만 다룸)

[4~5차시]

- 교실 뒤 연표를 보며 전시학습 상기하기
- 연표에 나타난 주요 민주화 사건 조사 계획 세우기
  - 개인별로 민주화 사건 1개씩 정하여 분담하기
  - 조사 방법 알아보기(조사 내용에 들어갈 요소: 시대적 상황, 원인, 과정, 결과, 시민 참여 방법)
  - 자료의 출처, 정리 방법 알아보기
- 시사 자료, 책 등에서 개별로 조사하고 정리하기
- 같은 민주화 사건끼리 모둠 구성하여 조사 정리하기 (피드백 및 평가)

[6~7차시]

- 같은 사건 모둠끼리 앉아 발표 자료 준비하기(피드백 및 평가)
  - 조선시대, 4.19 , 5.16 , 5.18, 6.10, 촛불 시위 등
- 갤러리 워크 활동으로 다른 모둠의 사건 조사 내용 듣고 질문하기
- 자리로 돌아가서 조사 내용을 연표의 사건 아래 붙이기
- 사건별 조사 내용 아래 시민 참여 방법만 포스트잇에 적고 붙이기
- 시민 참여 방법이 오늘날까지 점차 확대되는 모습을 포스트잇을 보며

발표하기(피드백 및 평가)

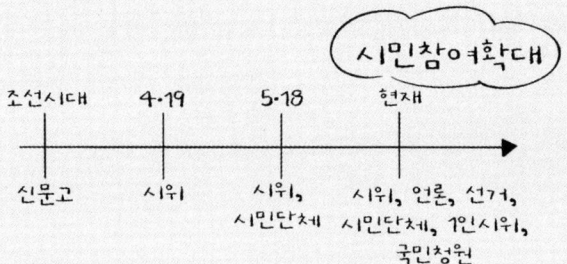

- 활동 마무리하며 민주주의 발전 모습에 대한 중심 아이디어 정리하기
  - '민주주의는 시민들의 참여로 점점 발전한다.' 등

[8차시]

- 민주주의가 무엇이라고 생각하는지 민주주의의 중요한 가치 포스트잇에 적기
  - 민주주의는 ~ 이다. 이유는 ~ 때문이다.
- 2차시의 '내가 생각하는 민주주의'와 현재 '내가 생각하는 민주주의'에 대해 생각 비교하기
- 민주주의의 중요한 가치라고 생각하는 것 피라미드 토의로 3가지 정하기
  - 포스트잇에 민주주의의 중요한 가치 각자 3개 적기
  - 짝과 → 모둠 → 학급에서 최종 3개 고르기
- 우리반에서 정한 민주주의 중요한 가치 정리하고 〈주제2〉 생활 속 민주주의 사례와 연결시켜 안내하기
- 이번 주제에서 학습한 중심 아이디어 최종 정리하기
  - '민주주의는 시민들의 참여를 통해 발전한다.'

이 수업 흐름은 '내가 수업을 한다면?' 이라는 전제하에 설계한 것이어서 교사들의 수업 스타일을 만족시킬 수는 없다. 그러나 교사들과 수업 장학을 함께하기 위해서는 관리자도 나름 수업 흐름을 구상하고 참여해야 한다. 그래야만 협의회 시간도 절약되고 수업에 대한 방향 설정을 제대로 할 수가 있다.

나는 내가 생각한 수업안을 가지고 6학년 선생님과 다음날 이야기를 나누었다. 6학년 선생님들은 민주화 과정 이해를 위한 연표 활용과 민주주의에 대한 개념 정리 방법은 반영하고, 피라미드 토의, 갤러리 워크, 시민 참여 과정을 가시화하여 나타내는 수업 전략은 자기 수업 스타일에 맞게 수업을 설계하였다. 교사의 교육 철학에 따라 같은 교육과정으로 다른 수업을 하는 것이 바로 교사 교육과정이다.

지금도 많은 수업 장학과 컨설팅이 학교 현장에서 이루어지고 있지만 교사들의 만족도는 크게 높지 않다. 관리자들은 우수한 컨설턴트를 수업자에게 연결해 주지만 같은 학교가 아닌 이상 일정을 잡는 것에서부터 수시로 만나기도 어렵고 이메일이나 메신저로 주고받는 지도의 한계 등 사실상 내실 있는 지원이 힘들다.

수업 장학의 목적은 교사들의 수업 전문성 신장이다. 그렇다면 형식적인 교내 자율장학에 그칠 것이 아니라 어떤 수업 장학이 교사를 더 성장시킬 수 있을까에 대한 진지한 고민이 필요하다. 아이들의 성취기준 도달을 돕기 위해 과정 중심 평가를 하듯이 교사의 수업 전문성을 높이기 위한 수업 장학도 설계, 실행, 성찰, 환류 등 과정 중심 수업 장학으로 이제 달라져야 하지 않을까?

다음 수업 장학 중 하나를 선택한다면?
① 수업자가 작성한 수업안을 보며 40분간 수업을 참관하고 피드백하기
② 교사와 함께 단원 전체 교-수-평-기 흐름을 설계한 후, 교사 스스로 계획대로 실행하고 결과 발표 및 피드백하기 (수업 참관은 생략)

나는 당연히 ②번을 선택한다. 물론 수업 참관도 하면 더 좋겠지만 명료한 단원 설계로 수업과 평가 방향을 제대로 설계하는 것의 중요성을 생각하면 ②번이 교육과정 안목과 전문성을 한층 더 높일 수 있는 수업 장학 방법이기 때문이다. ①번은 간단한 수업 기술은 지도할 수 있을지 몰라도 아이들 발표 중심의 학부모 대상 수업 공개처럼 교사 성장에 큰 도움을 주지는 못한다.

나는 이런 관점에 따라 신규 교사 수업 공개를 특별히 고집하지는 않았다. 그보다는 수업할 교과와 단원을 정하게 하고 같이 교육과정 및 교과서 분석을 하였다. 그리고 단원의 차시별 수업과 평가 방법을 같이 설계하고 교사 스스로 설계한대로 단원 전체 교-수-평-기를 실행하도록 하였다. 마지막으로 실행이 끝나면 전체 교사들 앞에서 단원 재구성 이유, 수업 활동, 평가와 피드백 실행, 자기 성찰 소감을 PPT로 만들어 발표하도록 하였다. 한마디로 설계와 성찰 중심의 장학을 해왔다.

반드시 수업 참관을 하지 않아도 실천 결과 발표를 들어보면 수업 실행

을 충분히 가늠할 수 있다. 그리고 3~4회 정도 이와 같은 방법으로 단원 전체를 설계하고 발표하면 교사가 눈에 띄게 성장하는 모습을 볼 수 있다. 전문성 신장이 목표라면 신규 장학이라고 꼭 3~4년 이하라는 제한을 둘 필요는 없다. 1년 만에 교육과정 문해력을 꿰뚫고 선배보다 잘하는 신규 교사도 있었다. 나는 장학을 하면서 똑똑한 신규 교사들로부터 기발한 아이디어를 많이 배우기도 하였다. 지금도 40분 한 차시 수업 참관을 고집하는 획일적인 수업 장학을 하고 있다면 어느 것이 더 교사 성장을 돕는 장학인지 한번쯤 생각해 보았으면 한다.

이처럼 수업 장학에 대한 남다른 관점과 애정을 기울이다 보면 나는 가끔 불편함을 느낄 때가 있다. 특히 수업 장학이나 교원 연수 등과 관련하여 교원들과 이야기를 나눌 때가 그런 경우이다.

"어휴! 그것은 교장선생님이니까 하지 우리 학교는 못해요."

이 말은 지금까지 내가 가장 많이 들어온 말이다. 수업 장학에 대한 이 글을 읽으면 또 누군가 그런 말을 던질지도 모른다. 그러나 나는 이해한다. 나처럼 수업 장학을 하려 하여도 교사들의 수용 자세 등 다양한 장애 요인이 있음도 잘 알고 있다. 특히 우리나라와 같은 행정 중심 학교문화에서는 더욱 그렇다.

하지만 그동안 우리는 늘 교사의 자질은 교육의 질이란 공식을 앞세워 오지 않았는가?

그렇다면 변화하는 시대적 요구에 맞게 전문성을 갖춘 교사 양성을 위하여 기존의 수업 장학에도 변화가 필요하다. 멘토링 장학, 전문가 요청 컨설팅 장학, 수업 혁신 2-2-2 등 타율적인 장학에서 교사 개인별 맞춤형 수업 장학, 전문학습공동체 중심의 자율적인 동료 장학 등으로 교사와 관리자 모두의 인식 변화가 필요하다.

나는 교장의 핵심 역할은 이런 수업 장학을 통해 수업 중심 학교문화를 만들고 교사 성장을 지원하는 것이라고 생각한다. 초·중등교육법에 규정된 교장의 책무는 '교무를 통할하고 소속 교직원을 지도 감독하며, 학생을 교육하는 것'으로 규정하고 있다. 규정의 앞뒤를 바꾸면 '교장은 학생을 교육하기 위해 교무를 통할하고 소속 교직원을 지도 감독한다.'로 그 느낌이 사뭇 달라진다. 일부 관리자들은 교무를 통할하고 소속 교직원을 지도 감독하는 데서 책임을 다하는 것으로 여기는 경우가 있어 안타까움을 느낀다.

교사들을 교실에 혼자 있게 해서는 안 된다. 교육과정 개정 변화 방향에 맞게 학교 교육과정의 자율성 실현과 교사 교육과정의 실천적 전문성을 높이기 위해 관리자의 수업 장학력은 이제 더욱 중요해졌다.

이제 글을 마무리하기 위해 다시 한번 앞에서 했던 질문을 해본다.

미래 사회가 요구하는 학생은 누가 기르는가?
– 교사이다.

그런 교사의 주도성은 누가 기르는가?

― 교장이다.

그렇다면 교사들의 성장을 돕는 관리자의 수업 장학 역량은 어떻게 기를 것인가?

―

글을 마무리하며

 첫 수업을 30분 만에 끝내고 멋쩍어하던 어설픈 신규 교사가 어느새 퇴직을 바라보는 나이가 되었습니다. 가끔은 업무와 수업에 지쳐 교직 적성을 의심하기도 하였지만 교육과정과 수업에 대한 애정을 내려놓지 않고 살아온 것은 매우 잘한 선택이었다고 생각합니다.
 이런 저의 교직 생활에 영감을 주신 분들은 교사 시절과 전문직 이후로 나누어집니다. 저는 교사 시절 복직 후 처음 만난 김소윤 선생님, 임원도 선생님의 권유와 지도 덕분에 수업 연구를 시작하게 되었습니다. 수업 연구교사가 된 이후, 대구교육대학교 이종일 교수님과 송언근 교수님께서는 매너리즘에 빠진 저의 탐구수업을 비평하고 새로운 수업 방법을 찾도록 용기와 영감을 불어넣어 주셨습니다. 또한 수업 전문성은 교사의 경력과 함께 저절로 얻어지는 것이 아니라 '실천 중 반성' 행위를 통한 노력 속에서 길러진다는 점을 끊임없이 일깨워 주시면서, 이론과실천연구회 교수님들과 함께 수업을 참관하고 저의 수업 성장을 도와주셨습니다. 미루는 것이 습관인 제가 수업에 대한 애정을 놓지 않음은 온전히 두 분 덕분입니다.

장학사로 전직한 이후에는, 특히 세 분의 책과 강연을 통해 교육과정과 수업에 대한 저의 생각을 체계화할 수 있었습니다. 먼저 우리나라 교사의 자기 효능감의 현주소를 진단하고 교사 효능감이 결국 교사의 수업 능력과 연결된다는 것을 강조하신 이혁규 교수님의 수업과 학교문화에 대한 실천 연구들은 제게 큰 도움이 되었습니다. 특히 성찰적 실천가로서의 4가지 수업 능력을 균형 있게 성장시키는 것이 수업 전문성의 총체적 성장임을 일깨워 주심으로써 수업과 교사 전문성에 대한 저의 관점과 생각을 발전시켰습니다.

또한 청소년 정신과 전문의이면서 《성장학교 별》의 교장으로 활동하고 계신 김현수 선생님의 책과 강연은 제게 오늘날 학교 교육의 문제와 방향을 새롭게 인식할 수 있도록 커다란 감동과 영감을 주셨습니다. 김현수 선생님은 의사라는 직업이 믿기 어려울 정도로 교사에게 있어서 수업이 얼마나 중요한지를 냉철하게 진단하고, 교사가 받는 상처는 결국 교사 스스로 수업을 통해 획득하는 자긍심으로 회복할 수 있다는 점을 강조하셨습니다.

마지막으로 교육과정 문해력 강의를 통해 교육과정과 수업·평가에 대한 관점을 흔들어 주신 한국교원대 정광순 교수님입니다. '교사 교육과정'의 개념과 교육과정 자율성을 수업에서 어떻게 실행하는지를 이해하게 되면서 저는 교육청에서 교육과정 정책과 수업 장학 추진 관점을 바꿀 수 있었으며, 교육과정 문해력 원격연수 과정을 만들 수 있었던 것도 교수님과의 만남 덕분이었습니다. 영감을 주신 세 분께 진심으로 감사드립니다.

끝으로 2001년 전국 최초로 대곡초 선생님들과 함께한 learning fair, 교육과정 문해력 연수에 동행한 100인의 교육과정 전문가, 덕인초 거꾸로 교실, 남대구초등학교의 PBL 수업, 과정 중심 평가, 사계절교육과정콘서트 등 새로운 수업 이론과 방법들을 실천할 때마다 저를 믿고 동행해 주신 많은 선생님, 원고 교정을 도와주신 김원구 교감선생님, 수업 사례와 그림을 그려준 손광수 선생님, 그리고 일과 가정을 양립하면서 힘들어할 때마다 저의 열정이 식지 않도록 응원해 준 우리 가족에게도 감사합니다.

처음 써보는 글의 설명에서 생길 수 있는 오해와 저의 부족함에 대해 양해를 구하면서 다시 한 번 선생님들의 수업 성장을 응원합니다.

선생님, 힘내세요!

〈참고 문헌〉

1. 김대수(1995), 『수업 장학을 위한 100문 100답』, 우신출판사.
2. 김현수(2013), 『교사 상처』, 에듀니티.
3. 무코야마 요이치, 한형식 번역(2012), 『아이들이 열중하는 수업에는 법칙이 있다』, 즐거운학교.
4. 박승열(2016), 『교사를 세우는 교육과정』, 살림터.
5. 이동엽 · 허주 · 박 영숙 · 김혜진 · 이승호 · 최원석 · 함승환 · 함은혜 · 신연재 (2019), 『교원 및 교직 환경 국제 비교 연구:TALIS 2018 결과를 중심으로 (Ⅰ)』, 한국교육개발원.
6. 이종일(2006), 『사회과 탐구와 교사 자질』, 교육과학사.
7. 이종일외(2006), 『교육적 질문하기』, 교육과학사.
8. 이혁규(2021), 『한국의 교사와 교사되기』, 교육공동체벗.
9. 이혜영 · 최광만 · 윤종혁 · 김규태(1998), 『한국 근대 학교 교육 100년사 연구(Ⅲ)』, 한국교육개발원.
10. 정광순, 「2009 개정교육과정에 따른 교과교육과정」, 대구광역시교육청연수 자료(2012).

〈참고 자료〉

1. 교육플러스(2021.9.29.), 보도자료: [OECD TAILS 2018] 한국 초등교사 "교실 질서 유지 스트레스 높고 학급경영 효능감 낮아"
2. 국가교육과정정보센터(ncic.go.kr)
3. 매일경제(2023.10.10.), 보도자료: "학부모가 만나기 싫어요."… 공개 수업 줄줄이 취소
4. 아시아경제(2023.11.30.), 보도자료: 교육부, '수업 공개 법제화' 추진 않기로… "교육 주체 제안 수용하겠다".
5. 아웃소싱타임스(2023.5.9.), 보도자료: 가족과 대화 얼마나 하세요?… 응답자 65%, "하루 한 시간 채 안돼".
6. 이혁규(2018), 『행복한 교육』, 「이 시대가 요구하는 교사상」, 교육부, 2018년 5월호.
7. Edupress(2023.11.27.), 보도자료: "정년까지 교직에 근무하겠다" 51.3%… 초등 만족도 큰 폭 하락.
8. 푸른보리(2021.5.6.), 교사도 학교가 두렵다, '책임과 책무성, 무엇이 다를까'(https://m.blog.naver.com/jworigin/222340754806).
9. 한국교원단체총연합회(2023.5.14.), 보도자료: 제42회 스승의날 기념 교원 인식 설문 조사 결과 발표.